Sarmaten –

Ein vergessenes Volk formte halb Europa

Band 2

Reinhard Schmoeckel

Die Westfalen und ihr weißes Ross

Unbekanntes über die Herkunft eines deutschen Volksstammes

Die Deutsche Bibliothek ... et diese Publikation in der
Deutschen Nationalbiblio... etaillierte bibliographische
Angaben sind im Internet üb...

htt... b.de

abrufbar.

Graphik: Andrea Egler; www.das-auge-denkt.com; Düsseldorf

Printed in Germany, Herstellung und Verlag: BoD - Books on
Demand , Norderstedt

ISBN: 9783837044515

Zu beziehen über jede Buchhandlung

Inhalt

Vorwort

Hat sich wohl schon einmal ein an Geschichte interessierter Laie gefragt, was wohl vor anderthalb Jahrtausenden in unserem Land passierte, als die „Völkerwanderung" den Erdteil Europa auf den Kopf stellte?

Und: waren damals alle Menschen hier in unserem späteren Deutschland „Germanen"? Vor zweihundert Jahren waren die Historiker fest davon überzeugt, sie nannten alle Menschen, die es im Altertum hier gab, „die alten Teutschen".

Heute sind die Gelehrten viel vorsichtiger. Viele von ihnen wissen gut, dass nicht nur Germanen, sondern auch Kelten und Slawen und „Römer" und verschiedene andere Bevölkerungsgruppen ihre Gene bei den Menschen hinterlassen haben, die heute in unserem Land leben. Wenn wir nur in die jüngere Vergangenheit zurückschauen, dann muss jeder zugeben, dass inzwischen auch Türken und Italiener und Menschen aus allen möglichen anderen Völkern Angehörige unserer Nation geworden sind, die sich „deutsch" nennt.

Wer dies im Kopf hat, für den ist es vielleicht nicht mehr ganz so schockierend, wenn in diesem Buch behauptet wird, vor gut 1500 Jahren seien Menschen nach Mitteleuropa gekommen, die eben keine Germanen waren und trotzdem zu Anführern einiger Stämme wurden, die sich später zu wichtigen Teilen des Volkes entwickelten, das bald den Namen „d e u t s c h" bekam.

Diese Menschen waren S a r m a t e n . Was dies für Leute waren und welche Bedeutung sie hatten, soll dieses Buch erklären. Allerdings sollte kein Leser diese Behauptung falsch verstehen. Nicht die G e s a m t h e i t der späteren Deutschen, wie sie die Geschichte kennt, hatte Menschen dieses Volkes zu Vorfahren.

In dem kleinen Buch, das der Leser in der Hand hält, geht es vor allem um den Einfluss von Sarmaten auf die Geschichte des heutigen W e s t f a l e n. Doch weil der Begriff der Sarmaten in der west-europäischen, speziell der deutschen Geschichtswissenschaft praktisch völlig unbekannt ist, muss wenigstens in einer Kurzform dem Leser das wichtigste Wissen über dieses Volk vermittelt werden. Jedem Leser ist dringend zu empfehlen, auch den Band 1 dieser Buchreihe zu erwerben und zu lesen: **„Sarmaten: unbekannte Väter Europas – Ein neuer Blick auf die Frühgeschichte unseres Landes".** Dort ist über die Geschichte und die Geschicke der Sarmaten allgemein in größerer Ausführlichkeit nachzulesen.

H i e r soll also von der Entstehung des Stammes der Westfalen berichtet werden, den Menschen, die zwischen Weserbergland und Niederrhein, zwischen dem flachen Münsterland und dem bergigen Sauerland vor anderthalb Jahrtausenden lebten.

Fragt man die „berufenen" Historiker, dann können sie mehr oder weniger nur die Schultern zucken. Genau über diese Zeit und über diese Gegend finden sie keine schriftlichen Dokumente, und darauf sind sie angewiesen.

Und doch gibt es Quellen. Man findet sie in der Erde, und die Archäologen können sie ausgraben; man findet sie in der deutschen Sprache, und Sprachwissenschaftler könnten Hinweise geben; man findet sie in der Wappenkunde (Heraldik), in der Volkskunde, in alten, nur Spezialisten bekannten Schriften und in manchen anderen Anzeichen. Man muss sich nur trauen, alle diese Indizien als solche für die einstige Existenz des Volkes der Sarmaten zu erkennen und ihr Zusammenspiel zu erklären.

Dies wagt der Autor, der seit mehr als fünfzehn Jahren dem Phänomen dieses „vergessenen Volkes" der Sarmaten nachgeht.

Reinhard Schmoeckel

4

I.

Sarmaten: ein stolzes Volk berittener Hirten
Aber ganz anders als die Hunnen

1. Die Vorväter

Der Teil I dieses Buches ist eine Kurzfassung dessen, was in dem grundlegenden Buch diese Reihe, dem **Band 1, Sarmaten – Unbekannte Väter Europas,** ausführlich und mit Literaturnachweisen beschrieben ist. Er soll dazu dienen, dem Leser dieses Buches wenigstens eine kurze `Übersicht von dem zu geben, was man heute über dieses so zu Unrecht vergessene Volk weiß. Damit soll er in die Lage versetzt werden, das einordnen zu können, was im Hauptteil II über das Wirken von sarmatischen Einwanderern nach W e s t f a l e n vor anderthalb Jahrtausenden berichtet werden kann.

*

Nahezu jeder Deutsche, der eine höhere Schule besucht hat, kennt den Völkernamen Hunnen: ein Volk aus Innerasien, das einst vor vielen Jahrhunderten Angst und Schrecken über die Völker Europas gebracht hat.

Fast niemand kennt jedoch ein Volk, das etwa zur gleichen Zeit in Erscheinung trat und auch, oberflächlich betrachtet, manche Ähnlichkeit mit den Hunnen hatte, sich aber dennoch ganz anders verhielt. Darum hat man es vergessen. Das waren die Sarmaten.

Dieses Volk gehörte zu den „Ariern". Dieser Begriff hat nichts mit „Menschenrassen" zu tun, wie die Nazis einst behaupteten, sondern mit S p r a c h e n . Fast alle Sprachen, die heute in Europa (zum Teil inzwischen auch in vielen anderen Erdteilen) benutzt werden, gehören zur sogenannten Familie der i n d o e u - r o p ä i s c h e n Sprachen. Vor Jahrtausenden waren sie alle eng mit einander verwandt, ja sie müssen vor noch längerer Zeit einmal aus einer gemeinsamen Wurzel entsprungen sein.

Die Geburtsstätte der Menschen, die einst diese Wurzel bildeten, muss irgendwo in den Weiten Innerasiens gelegen haben, irgendwo zwischen Schwarzem Meer und Pamir. Nach langer Ungewissheit lässt sich das heute mit einiger Wahrscheinlichkeit sagen. Ein Teil dieser Menschen mit indoeuropäischen Sprachen ist später, Jahrtausende v o r Christi Geburt, nach Westen, nach Europa, ausgewandert, andere Teile nach Indien. Sie haben ihre Sprachen mitgenommen und den Menschen aufgezwungen, zu denen sie damals kamen. Daher der Name der Sprachfamilie.

Im innerasiatischen Heimatgebiet waren natürlich noch größere Gruppen zurückgeblieben, von ihnen wanderten etwas später die aus der Geschichte der antiken Welt bekannten Perser in ihre neue Heimat ein. Die sich damals noch sehr ähnlichen Sprachen der alten Inder und Perser nannten die damaligen Sprecher die der „Arier", der „Reinen". Aus dieser S p r a c h gruppe des „Nord-iranisch-Arischen" stammt auch die Sprache der Sarmaten.

Genetisch waren ursprünglich sicher alle die Nutzer dieser Sprachen ebenfalls miteinander verwandt. Sie zeigten äußerlich die helle Haut und früher auch helle Haare und andere Merkmale, die die „Europiden" noch heute im Allgemeinen von „Mongoliden" oder „Negriden" unterscheiden. Das sind die wichtigsten menschlichen Erscheinungsformen (nicht „Rassen"), die sich im Laufe der Entwicklung des „Homo sapiens" herausgebildet haben.

Bei den Indoeuropäern, die in Mittelasien zurückgeblieben worden waren - die „Zuzügler" nach Europa waren schon vorher aufgebrochen –, trat bei den Menschen, die dort verblieben waren, ein wichtiger Wandel ihrer Lebensweise ein. Bisher hatten sie mit den Methoden und Hilfsmitteln der Steinzeit einfachen

6

Ackerbau betrieben und Vieh gezüchtet: Schafe, Ziegen, bald auch schon Rinder und Pferde.

Doch dann lernten die Menschen in den Steppen zwischen Schwarzem Meer und Pamir, dass die Wildpferde, die in riesigen Herden dort lebten, noch viel besser zu nutzen waren als zum Verzehr oder zum Ziehen von Wagen. Man konnte auf ihnen r e i t e n. Diese epochemachende „Erfindung" scheint erst am Anfang des letzten v o r christlichen Jahrtausends dort in den Steppen Südrusslands (heute Kasachstan) gelungen zu sein. Sie hat wohl in nur wenigen Jahrzehnten alle dort lebenden Menschen auf Dauer geprägt.

Seitdem waren die Völker, die dort lebten, stolze Reiterhirten geworden. Das Reiten auf Pferden erweiterte schlagartig die Weidefläche der Rinder- und Schafherden, gestattete den Erwerb größerer Herden, gleich ob auf friedliche oder kriegerische Weise, und veränderte zugleich das Bewusstsein der Reiter.

Die Tatsache, Reiter zu sein, auf pfeilschnellen Rossen blitzschnell riesige Entfernungen zurücklegen zu können, das war für die Männer, Krieger und bisherige Hirten zu Fuß, etwas grundsätzlich Anderes als das Leben eines dem Erdboden verhafteten Bauern, das war etwas Vornehmes, Ritterliches, Kämpferisches.

Ganz sicher werden nicht a l l e Menschen im Steppengebiet plötzlich zu Reiterhirten geworden sein, sondern es wird überall weiter ansässige Bauern gegeben haben, wenn auch vielleicht weniger als bisher. Nomadische Hirten kommen nicht ganz ohne die Erzeugnisse des Bodens aus, die von den Bauern hervorgebracht werden, und die Bauern konnten ihr Getreide und Gemüse gut gegen die Überschüsse der Rinder- und Schafherden tauschen. Beide Seiten hatten großen Nutzen von dieser friedlichen Zusammenarbeit.

Das erste Volk dieser Reiterhirten, das man mit Namen kennt, waren die K i m m e r i e r. Sie hatten ihren Ursprung wohl in den Steppen nördlich des Schwarzen Meeres, ließen sich aber von ihren Pferden zeitweise bis weit in den Nahen Osten und bis nach Mitteleuropa tragen, als unstete Räuber und Plünderer. Doch um das Jahr 600 v. Chr. verschwanden sie mehr oder weniger spurlos, verdrängt von einem Volk ganz ähnlicher Sprache, Kultur und Lebensweise, den S k y t h e n . Sie waren für die nächsten Jahrhunderte die Herrscher auf den Steppen Südrusslands.

Mit diesen Skythen hatten die Griechen viel zu tun, die in den letzten Jahrhunderten vor Christi Geburt an den Küsten Kleinasiens und des Schwarzen Meeres überall Kolonien gründeten, kleine Städte, die mit den Nachbarn im Hinterland nützlichen Handel trieben. Die Griechen nannten die gesamte riesige Weite Osteuropas bis nach Skandinavien hinauf Skythia; aber das Gebiet blieb ihnen weitgehend unbekannt.

Auch die H u n n e n hatten wohl in der gleichen Zeit das Reiten gelernt. Ihre Heimat lag ebenfalls in der Weite Innerasiens nördlich der Gebirge Pamir, Hindukusch und Himalaya, aber einige tausend Kilometer von der indoeuropäischen „Urheimat" entfernt. Die Menschengruppe, der sie entstammten, hatte sich wohl aus den im Osten Asiens entstehenden „Mongoliden" heraus zu einer besonderen Art entwickelt, die man in der Wissenschaft heute „turk-mongolisch" nennt. Von den Völkern aus indoeuropäischer Wurzel unterschieden sie sich grundlegend, sowohl ethnisch wie sprachlich und vor allem kulturell.

Auch diese Hunnen waren wohl einst berittene Hirten oder Jäger, aber bei ihnen hatte sich ein Königtum entwickelt, das bald von sich glaubte, ihm stünde das Recht zu, „Herr der Welt" zu sein – oder wenigstens Herr aller Völker in erreichbarer Nähe. Die berittenen Krieger der Hunnen waren nur zu gerne bereit, ihren Königen dazu zu verhelfen, durften sie doch bei den ständigen Kriegen nach Herzenslust bei diesen Nachbarn morden und vor allem plündern. Diese Hunnen werden am Schluss dieser kurzen Einleitung noch eine sehr wichtige Rolle spielen. Doch vorerst, in den Jahrhunderten vor und nach der Zeitenwende, lebten sie noch weit weg im Osten Innerasiens, und niemand in Europa wusste von ihnen.

2.   Gesellschaft, Religion und Lebensweise der Sarmaten

Einst, als das Reiterhirtenvolk der Skythen die Steppen der heutigen Ukraine beherrschte, waren die S a r m a t e n ihre östlichen Nachbarn. Doch allmählich wurden die Sarmaten stärker und begannen die Skythen zu bedrängen. Etwa zu Christi Geburt waren s i e das herrschende Volk am Nordufer des Schwarzen Meeres geworden, und von den Skythen hörte man nichts mehr. Dabei waren auch deren Besieger enge sprachliche, ethnische und kulturelle Verwandte der Skythen.

Mit den Sarmaten hatte nun das Römische Reich zu tun, das seinen Einfluss schon so weit in den Osten Europas ausgedehnt hatte. Die Römer nannten die Weite Osteuropas „Sarmatia", doch verwechselten viele der antiken und mittelalterlichen Schriftsteller häufig die Begriffe Skythia und Sarmatia; sie sahen wohl gar keinen Unterschied darin. Beide Begriffe bezogen sich ja auf dieselbe Gegend.

Den Römern waren ihre Nachbarn, die Sarmaten, viel zu weit entfernt, als dass sie sich näher damit beschäftigt hätten. Daher weiß man aus antiken Quellen praktisch nichts über dieses Volk, anders als über die Germanen, für die man immerhin das berühmte Werk „Germania" des Tacitus kennt. Doch gibt es heute noch zwei „Volkssplitter" dieser Sarmaten, aus deren Denk- und Lebensweise man manches über ihre Vorfahren erfahren kann.

Der eine dieser Überreste ist das Volk der O s s e t e n im Kaukasus, heute benutzen noch etwa 500 000 Menschen deren

Sprache. Man weiß von diesen Osseten, dass sie Reste des sarmatischen Volkes (ursprünglich Stammes) der Alanen sind, die sich im späten 4. Jahrhundert n. Chr. vor dem Ansturm der Hunnen in die unzugänglichen Täler des Kaukasus-Gebirges geflüchtet haben. Allerdings sind diese Osseten inzwischen doch schon stark von den umgebenden Kaukasus-Völkern und vor allem von den Russen beeinflusst worden, die seit gut 200 Jahren dort herrschen.

Kaum von Fremden beeinflusst ist dagegen ein winziges Völkchen im Himalaya, am Oberlauf des Indus, das jedoch nur noch gut 2000 Menschen zählt. Es heißt M i n a r o und ist erst in den letzten Jahren näher von europäischen Ethnologen untersucht worden. Offenbar haben sich schon vor 2000 Jahren Menschen aus der Gruppe, die zuvor die „arischen" Inder, die Perser und die Reitervölker mit indoeuropäischer Sprache hervorgebracht hatte, dort in die Bergeinsamkeit zurückgezogen.

Sie sehen heute noch sehr „europäisch" aus, im Gegensatz zu ihren Nachbarn mit tibetisch-mongolischen Gesichtszügen. Und so wenige Minaros es nur noch gibt, so leisten sie sich zwei Bevölkerungsklassen, die streng voneinander getrennt existieren; ein Mann aus der Adelskaste, der ein Mädchen aus der unteren Kaste zur Frau nimmt, darf das Haus seiner Eltern nie mehr betreten, in drei Generationen nicht. Aber die b i o l o g i s c h so geschiedenen Kasten sind durch r e l i g i ö s begründete Schwurgemeinschaften auf Dauer miteinander verknüpft: mehrere Bauern oder Handwerker aus der unteren Kaste leisten für sich und ihre Familien einem Adligen einen lebenslang gültigen Gefolgschaftsschwur. Der hat Wirkung nicht nur für die Menschen aus der unteren Kaste, sondern genauso für den Adligen: er ist für seine Gefolgsleute verantwortlich und muss ihnen helfen und in Schwierigkeiten beistehen.

Dieses Prinzip dürften auch die sarmatischen „Vorfahren" der Minaros angewendet haben. Nach allem, was man weiß oder erschließen kann, haben sich die Adligen der Sarmaten streng nach der Devise verhalten und die zu ihrer Schwurgenossenschaft gehörigen und damit ihrem Schutz anvertrauten Menschen nie als Sklaven oder „unberührbar" behandelt. Stattdessen könnte der heute noch für den gesamten europäischen Adel geltende Spruch „Noblesse oblige – Adel verpflichtet" direkt dem Denken dieses bemerkenswerten Volkes entsprungen sein.

Von der Religion der Sarmaten weiß man praktisch nichts, hier hilft auch der Vergleich mit den Minaros nicht weiter, die offenbar heute noch einen v o r- indoeuropäischen Feen-Glauben praktizieren.

Doch was die Minaros über die „Reinheit" denken, ist höchst aufschlussreich und lässt Rückschlüsse auf die Einstellung der Sarmaten zu. Den Minaros als Bewohner des Hochgebirges erscheint die Berghöhe als „rein", das tiefe Tal als „unrein". Dasselbe gilt auch von den Menschen: die Angehörigen der oberen Klasse sind wohl von sich aus „reiner" als der unteren, Männer mehr als Frauen, doch kann ein Mensch durch eigenes Tun mehr Reinheit oder mehr Unreinheit in sich aufnehmen. Die weibliche Menstruation und der Tod lässt nach dem Glauben der Minaros den Zustand der Unreinheit ohne eigenes Zutun entstehen. Dann ist eine rituelle Reinigung Pflicht, sie kann durch Einatmen von Wacholder-Rauch bewirkt werden, „nicht reine" Tote müssen im „reinigenden heiligen Feuer" verbrannt werden.

Daraus lässt sich für die Sarmaten schließen, dass die Angehörigen der Adelsklasse, vor allem die Männer – bei ihnen „Schah" genannt – von sich aus selbst nach dem Tod als ausreichend rein galten, so dass ihre Körper im Normalfall unverbrannt bestattet werden konnten. Leichen der unteren Klasse mussten jedoch verbrannt werden, um sie für ihren „Weg ins andere Leben" rein zu machen. Nur die Adligen, vielleicht auch nur die Fürsten unter ihnen, erhielten zudem einen Grabhügel über dem Körpergrab, wie das schon ihre Urahnen in der südrussischen Steppe vor tausend oder mehr Jahren getan hatten.

Deutschen Archäologen könnte dieses Wissen manches Raten ersparen. Sie haben vor allem aus dem 5. und 6. Jahrhundert n. Chr. in Deutschland etliche Friedhöfe ausgegraben, wo die angebliche Regel nicht stimmte, dass die Germanen – die es ja nach Überzeugung der Archäologen dort nur geben konnte – ihre Toten n u r unverbrannt o d e r verbrannt (je nachdem) beigesetzt hatten. Wenn dann in der Nähe solcher Grabstätten auch noch G r ä b e r von Pferden auftauchten, dann waren die Archäologen total verwirrt und konnten das nur durch eine „Übernahme von Sitten aus dem Südostraum Europas" durch die Germanen in Deutschland erklären. Zu den Pferdegräbern, einem offenbar n u r für Sarmaten geltenden Brauch, ist Näheres im Teil II dieses Buches nachzulesen.

Als berittene Hirten von Großvieh, Rindern und Schafen, mussten die Sarmaten mit ihren „Wohnungen" beweglich sein, denn die Herden zogen ja immer weiter, wenn das Futter in einem Tal oder einer bestimmten Gegend abgegrast war. Vermutlich schliefen die Familien in hölzernen Karren, die von geduldigen Ochsen gezogen wurden, oder in den Zelten aller asiatischen Reitervölker bis heute, den Jurten, die aus einem Holzgestänge bestanden, die mit Fellen abgedeckt wurden. Das ist ein Grund, warum die Wissenschaft der Archäologie die Sarmaten so gar nicht finden kann, denn sie errichteten nun einmal keine Häuser.

Die Lebensweise und die Einstellung der Sarmaten dürfte ein wenig der der berühmten Cowboys im Wilden Westen der USA im 19. Jahrhundert geähnelt haben. Sie waren schnell mit der Waffe zur Hand; wenn sie oder ihr Vieh bedroht wurden und sie waren durchaus kampferprobte und tapfere Krieger, wenn es sein musste. Aber sie waren keine blindwütigen Plünderer oder größenwahnsinnige Eroberer wie die Hunnen. Deshalb hat man sie vergessen und die Hunnen nicht.

Man weiß nicht genau, ob in der langjährigen Heimat der Sarmaten, dem Gebiet der heutigen Ukraine, eine bäuerliche Bevölkerung jeweils zu dem betreffenden Stamm gehörte, oder ob es sich einst um anders benannte Menschengruppen handelte. Auf jeden Fall musste aber ein intensiver Tauschhandel zwischen Viehhirten und Bauern stattfinden: Fleisch, Milchprodukte, Wolle, Leder und andere tierische Produkte gegen Getreide, Gemüse, Leinwand und andere Erzeugnisse der Bauern. Beide Seiten fuhren gut dabei.

3.   Aus der bewegten Geschichte des Volkes

In den letzten Jahrhunderten vor der Zeitwende müssen die Sarmaten mit großem Druck von Osten her über den Don und Dnjepr in das damalige Wohngebiet der Skythen eingedrungen sein. Wie schon erwähnt, hatten sie um die Zeit von Christi Geburt die Skythen besiegt – oder richtiger gesagt, die Reste dieses Volkes in sich aufgenommen. In dieser Zeit war wohl schon eine wichtige Veränderung in der inneren Ordnung ihrer Gesellschaft eingetreten.

In der Frühzeit des sarmatischen Volkes gab es bei ihm eine Besonderheit: Auch junge Frauen kämpften in Kriegen mit, als geschickte Reiterinnen und Bogenschützen. Die frühen Griechen hörten davon und machten sich in Legenden und Bildwerken ein Bild von diesen „Amazonen". Doch später änderte sich die Kampfweise der Sarmaten. Sie griffen nun in geschlossener Reiterfront mit langen Lanzen ihre Gegner an, geschützt durch schwere Kettenpanzer. Da konnten Frauen körperlich nicht mehr mithalten, und so mussten sie allmählich aus ihrer gleichberechtigten Rolle im sarmatischen Volk ausscheiden.

Allmählich verlagerten die Sarmaten die Weidegründe für ihr Vieh weiter nach Westen, in die Tiefebene, die man heute auf Ungarisch Puszta nennt. Von alten Zeiten her zerfiel das Volk der Sarmaten in verschiedene Stämme (ähnlich wie die Germanen), die anfangs so etwas wie enge Kampfgemeinschaften waren, später allerdings wohl hauptsächlich Kultgemeinschaften. Von einigen wichtige Stämmen kennt man die Namen: Jazygen, Roxolanen , Aorsen, Alanen und Turker (nicht mit den modernen Türken zu verwechseln).

Ab etwa dem 1. Jahrhundert n. Chr. kamen g e r m a n i s c h e Stämme, wie die Goten und die Rugier, ins südliche Russland, in die Ukraine und ins heutige Rumänien. Sie waren von der Ostseeküste her immer weiter nach Süden gewandert und hatten sich in den fruchtbaren Regionen der Ukraine, der „Schwarzerde" im Südwesten, als Bauern festgesetzt. Von größeren Kämpfen zwischen Sarmaten und Germanen ist nichts bekannt, die Nachbarn scheinen sich recht gut vertragen und sogar einander in der Lebensweise, aber auch der Bekleidung und den Gebrauchsgegenständen angeglichen zu haben.

In den ersten Jahrhunderten nach Christi Geburt – das heißt, in der Frühzeit des Römischen Reiches – waren die germanischen Völker im Nordteil der Balkan-Halbinsel, aber eben auch die Sarmaten, Nachbarn dieses Reiches, das den Unterlauf der Donau als seine Grenze benutzte und auch befestigt hatte („Limes").

Es kam gelegentlich zu Kriegen zwischen Rom und seinen Nachbarn, immer über die Donau als Grenze hinüber. In den bekanntesten dieser Kriege – sie heißen in der Geschichtsliteratur die „Markomannenkriege" (ca. 160 – 180 n. Chr.) – waren offenbar Sarmaten mit den germanischen Markomannen verbündet, siegten mit ihnen oder wurden mit ihnen besiegt, wie das in diesen wechselvollen Kriegen mehrfach passierte.

Aus dem Jahr 175 n. Chr. berichten römische Geschichtsschreiber von einem Frieden, den die Sarmaten mit den Römern abschließen mussten, als sie besiegt waren, aber immerhin noch nicht so, dass die Verlierer jede Bedingung hätten akzeptieren müssen. Die Sarmaten mussten sich verpflichten, sich 10 römische Meilen (ca. 15 km) von der Donau, der Grenze, fernzuhalten, sie mussten Gefangene herausgeben, und vor allem mussten sie 8000 ihrer berühmten Panzerreiter dem römischen Heer überlassen.

5500 davon, vermutlich 10 „Dracones" (Regimenter), wurden sogleich quer durch Europa in Marsch gesetzt, um im Norden Britanniens am sogenannten „Hadrianswall" die Grenze des Römischen Reiches gegen die Pikten (die Urahnen der Schotten) zu verteidigen. So wurde das Volk der Sarmaten zugleich militärisch geschwächt und dem römischen Heer hoch geschätzte Elitesoldaten gewonnen.

Wie stets, waren die Krieger von ihren Familien und Gesinde begleitet, doch war das so selbstverständlich, dass es antike Autoren nie erwähnt haben. Vermutlich gingen diese in ein fernes Land verpflanzten Sarmaten nicht etwa im „römischen Völkerbrei" unter, sondern haben dem eigentlich keltischen Volk der Waliser später ihre Anführer gestellt. Der berühmte König Artus war wahrscheinlich sarmatischer Abstammung- Doch kann das hier nicht näher untersucht werden.

Auch später muss es immer wieder einmal zu Kriegen gekommen sein, doch scheinen sie weder das Römerreich noch die verschiedenen Stämme der Sarmaten besonders schwer in Mitleidenschaft gezogen zu haben. Daneben und sogar während solcher Kriege gab es immer wieder sarmatische Gruppen, die sich freiwillig dem römischen Heer als Söldner zur Verfügung gestellt haben. Sie waren ja als Spezialtruppe hoch geschätzt und haben wohl im Allgemeinen treu die Dienste geleistet, die Rom von ihnen erwartete.

Gerade in der Spätzeit des Römischen Reiches bestand dessen Heer fast nur noch aus solchen „barbarischen" Söldnern. Ein sarmatisches Reiterregiment, ein „Draco", zählte vermutlich etwa 500 Reiter und wurde von je etwa 2000 Familienangehörigen und Gesinde begleitet. Ganz allmählich begann das Volk der Sarmaten sich in zahlreiche solche kleinere, manchmal auch größere „Volkssplitter" aufzulösen.

Die Offiziere dieser Truppen stammten natürlich alle aus der Adelskaste der Sarmaten, den „Schah" (wahrscheinlich „Schach" gesprochen). Diese Offiziere trugen im Kampf einen Wollmantel über ihrer Eisenrüstung, der beim Ritt und beim Kampf als Erkennungszeichen diente; diese Mäntel waren so etwas wie Vorläufer der späteren Fahnen und auch der bunt bemalten Wappenschilde der Ritter, denn sie waren in verschiedenen Mustern gewebt, je nach dem Stamm, aus dem das Regiment oder die Gruppe kam.

Diese Muster sind wichtige Indizien für die weite Verbreitung der Sarmaten in der späten Völkerwanderungszeit; sie haben sich über viele Generationen in den jeweiligen Adelsfamilien gehalten und sind später in ritterliche und fürstliche Wappen umgewandelt worden und haben sich so für die Nachwelt erhalten. Das wird gleich noch wieder aufgegriffen werden.

Das Ende des 4. nachchristlichen Jahrhunderts brachte für das Römische Reich, aber auch für alle seine Nachbarn im europäischen Osten eine Zeit der Bedrohung, der Flucht und der Unterwerfung. Denn die Hunnen setzten plötzlich zum Feldzug gegen Europa an.

Dieses Volk war inzwischen bei seiner konsequenten Wanderung nach Westen aus Innerasien an der Wolga angekommen, die man damals und auch heute noch als Grenze zwischen Asien und Europa ansieht. Das germanische Volk der Ostgoten, das sich dort angesiedelt hatte, versuchte sich mit seinen Reitern den Hunnen entgegen zu stellen, wurde aber geschlagen, sein König Ermanerich verlor sein Leben und die übrig gebliebenen Ostgoten verloren ihre Freiheit. Sie mussten sich bedingungslos der Befehlsgewalt der Hunnen unterwerfen.

Andere Völker flohen nach Westen, so die Westgoten aus Rumänien ins Römische Reich südlich der Donau (das heutige Bulgarien). Die Alanen, einst ein Stamm der Sarmaten, inzwischen ein eigenes Volk, retteten sich teilweise in den für Reiterheere nicht zugänglichen Kaukasus und wurden dort später zu den schon erwähnten Osseten. Ein anderer Teil trat zusammen mit den germanischen Vandalen, Sueben und weiteren Völkerteilen einen abenteuerlichen Zug durch den Westen des Römischen Reiches an, der sie bei Mainz über den Rhein nach Gallien, dann nach Spanien und schließlich nach Afrika ins heutige Tunesien führte (ab 406 n. Chr.).

Mehrere kleine Gruppen von Sarmaten scheinen diese große „Völkerwanderung" – die einzige, die diesen Namen wirklich verdient – auf der Flucht vor den Hunnen mitgemacht zu haben. Viele Anzeichen deuten darauf hin, dass sich in diesen Jahren Sarmaten in der fruchtbaren Region rund um die Stadt Mainz, links und rechts des Mittel-Rheins, niedergelassen haben, gewissermaßen als zurückgebliebene Nachzügler des großen Völkersturms. Im Band 1 dieser Reihe ist das näher beschrieben.

Doch die meisten Sarmaten – und auch ihre germanischen Nachbarn – von der nördlichen Balkan-Halbinsel bis hinüber in die Ukraine konnten nichts anderes tun, als sich der Herrschaft der Hunnen zu unterstellen. Dann wurde bei ihnen wenigstens nicht mehr geplündert und gemordet. Aber die unterworfenen Völker mussten den hunnischen Kriegern alles liefern, was diese für ihren Lebensunterhalt und für ihre Bequemlichkeit benötigten, und dem König der Hunnen mussten sie Hilfstruppen stellen, wenn der gegen weitere Nachbarn in den Krieg zog – und das geschah sehr oft. Mehrere Jahrzehnte dauerte diese entwürdigende, aber für die Bauern und Familienangehörigen der zum Fremddienst gepressten Krieger ereignislose Zeit.

So haben sicher auch sarmatische Reiter im Heer des Hunnenkönigs Attila in der berühmten „Schlacht auf den katalaunischen Feldern" im Norden Galliens (451 n. Chr.) mitgekämpft, auch wenn sie von den wenigen römischen Quellen nicht besonders erwähnt wurden. Diese Schlacht deutete das nahende Ende der

Hunnenherrschaft an, denn Attila verlor sie, und damit war sein „Heil" beschädigt, die Aura der Unbesieglichkeit, die ihn bisher umgeben hatte.

Attila konnte mit einem Teil seiner Truppen nach Ungarn entkommen, und bereits im nächsten Jahr versuchte er erneut einen Feldzug gegen das weströmische Kaiserreich, indem er in Oberitalien einfiel. Doch eine Seuche, die auch seine eigenen Truppen bedrohte, machte auch diesem Versuch, sein Ansehen wiederherzustellen, ein baldiges Ende. Ein Jahr später (453) war der gefürchtete Hunnenkönig tot, angeblich im Brautbett gestorben.

Der hunnische „Staat", der nur auf der Furcht vor dem König Attila aufgebaut war, zerfiel schnell. Seine Söhne zerstritten sich, und die Germanenstämme in seinem ehemaligen Herrschaftsgebiet nutzten die Gelegenheit. Sie taten sich zusammen und besiegten die Hunnen in einer „Schlacht am Fluss Nedao", wohl 454. Von einem Tag zum anderen war damit die Hunnenherrschaft und damit auch die Furcht vor diesem Volk vorüber, spätestens zwei Jahre nach Attilas Tod.

Einige der Söhne Attilas begaben sich mit ihren Gefolgschaften als Söldner in den Dienst des Oströmischen Reiches (Hauptstadt Konstantinopel), andere flüchteten nach Osten und einige wenige unterwarfen sich nun ihrerseits den siegreichen Germanen.

II.

Das weiße Ross kommt nach Westfalen

1. Ein Volk beginnt sich aufzulösen

Mit dem Sieg der germanischen Völker auf der Balkanhalbinsel über die Hunnen waren zwar die gehassten fremden Herren verschwunden. Aber die bisher ereignislosen Zeiten dort waren auch vorüber. Denn nun begannen die dort lebenden germanischen Völker, sich gegenseitig anzugreifen.

Über die Gründe dafür hat die einzige antike Quelle für diese Vorgänge, der Historiker Jordanes, leider nichts berichtet. Man kann nur schließen, dass die Ostgoten, die Gepiden, Heruler, Rugier, Sueben, Vandalen, Langobarden oder Skiren, diese Völker mit germanischer Sprache, die seit langem im heutigen Ungarn und Rumänien oder in der Nachbarschaft lebten, in den Jahren der hunnischen Zwangsherrschaft gehindert waren, ihre gegenseitigen Abneigungen mit dem Schwert kundzutun, wie sie das früher so gerne getan hatten. Die Furcht vor dem Eingreifen der hunnischen Oberherrn hatte das verboten. Jetzt konnten sie wieder nach Herzenslust aufeinander einschlagen.

Die daran nicht beteiligten Sarmaten in der Nachbarschaft muss das schwer betroffen haben. Wahrscheinlich nahm alle paar Monate ein hungriges Germanenheer seinen „Mundvorrat" von den Herden der Sarmaten mit, an denen es vorbei kam. Außerdem wurden vermutlich die Herden immer wieder von den durchziehenden oder kämpfenden Germanen in ein gefährliches „Stampede" versetzt.

Die Eigentümer dieser Herden, die sarmatischen Adligen, waren zwar tapfere Krieger, aber ihre kleinen Schwurgemeinschaften von Kriegern und Gesinde lebten nicht in enger Nachbarschaft mit anderen Sarmaten, sondern mit bewusst größerem Abständen zu den Herden des Nachbarn. Daher waren sie nun nicht in der Lage, sich gegen Heere von Germanen zur Wehr zu setzen, wenigstens nicht ohne längere Vorbereitungen.

Bei diesem Volk scheint es nie ein ausgeprägtes Gefühl einer „völkischen" Einheit gegeben zu haben (ebenso wenig übrigens wie bei den gleichzeitigen Germanen !!). Selbst die kulturelle Verbundenheit in den alten S t ä m m e n der Sarmaten, die sich vielleicht in gemeinsamen religiösen Riten und kultureller Verbundenheit zeigte - und höchstwahrscheinlich noch lange in einer gemeinsamen Farbe der Adelsmäntel -, war jetzt, nach dem Ende der Hunnenzeit, die so Vieles verändert hatte, im Verblassen.

Ein „vereintes Volk der Sarmaten" hätte vielleicht sich gegenüber den Germanen behaupten können, denn schließlich waren die Krieger dieses Volkes an Tapferkeit und Kampftüchtigkeit den Germanen wahrscheinlich durchaus ebenbürtig. Aber ein solches „vereintes Volk" gab es eben nie.

Die größten Einheiten von Kriegern, die sich noch zusammenfinden konnten, waren vielleicht die „Dracones" (Regimenter); sie waren wohl nicht nur im Militäreinsatz, sondern auch im zivilen Leben wohl organisierte Einheiten. Sie umfassten offenbar je ca. 500 – 600 Kriegern und höchstens 2000 Frauen, Kindern und Gesinde aus der unteren Kaste. Die Befehlshaberschaft dieser Schwurverbände lag sicher bei den Anführern („Fürsten") der alten Adelsfamilien, deren jüngere Söhne gewissermaßen von Natur aus die unteren „Offiziersstellen" in diesen halb militärischen, halb zivilen Bevölkerungssplittern besetzten. Die adligen Familien in einem solchen Draco – untereinander vermutlich ziemlich nahe verwandt – könnten vielleicht insgesamt je etwa 40 – 60 Mitglieder gezählt haben.

Die vorstehenden Behauptungen sind, wie fast alle Feststellungen über die Sarmaten, nicht in irgendwelchen alten Schriften zu finden, sondern entstanden aus logischen Überlegungen, die man anstellen kann, wenn schon viele Indizien zusammen gekommen sind, die etwas über die Lebensweise dieses Volkes aussagen.

Gleiches gilt auch für das, was auf den nächsten Seiten behauptet wird.

Bei den Sarmaten in Pannonien dürfte sehr rasch nach dem Ende der Hunnenherrschaft auf der Balkan-Halbinsel und damit dem Beginn der Kriege von Germanen untereinander der Gedanke aufgetaucht sein, aus der jetzt so ungemütlich gewordenen Heimat auszuwandern. Das konnte nur in relativ kleinen Gruppen geschehen; höchstens, dass sich zwei oder drei benachbarte Dracones zusammentaten, die wahrscheinlich auch durch eine Verwandtschaft der führenden Adelsgeschlechter verbunden waren.

Nur so lässt sich erklären, dass in der zweiten Hälfte des 5. Jahrhunderts n. Chr. überall in Osteuropa und auch in Mitteleuropa Anzeichen für die Ausbreitung sarmatischer Herrschaften über „einheimische" Bauern sichtbar werden und zur gleichen Zeit dieses einst große und menschenreiche Volk offenbar spurlos verschwindet. Sehr wahrscheinlich lag es nicht nur am Fehlen antiker Autoren, die sich speziell für dieses Volk interessierten, sondern auch daran, dass eben ab dem Beginn des 6. Jahrhunderts einfach keine „Sarmaten" mehr da waren, über die hätte berichtet werden können.

Zur Abrundung des Wissens der Leser werden im Teil III dieses Buches h i e r z u noch einige Fakten nachgetragen.

2. Die Wanderung nach Westfalen

Vieles spricht also dafür, dass schon ganz kurz nach dem Ende der Hunnen-Herrschaft in Pannonien, also etwa um das Jahr 455, sich einige sarmatische Fürsten mit ihren Schwurgemeinschaften auf den Weg nach Norden machten, um ein freies Weideland für ihre Herden zu finden.

Zwar gab es damals noch keine Zeitungen und auch kein Fernsehen, aber das bedeutete nicht, dass man nichts über geeignete Regionen wusste, wo die eigene Schwurgemeinschaft wohl gut leben könnte. Denn viel häufiger, als man heute glauben möchte, zogen Kaufleute mit ihren Karren oder beladenen Pferden bei den einzelnen Dörfern oder Wohnsitzen im fremden Land vorbei, boten ihre Waren an und tauschten dagegen bei den Bauern oder Hirten ein, was für sie von Wert war. Außerdem – und das war die zweite wichtige Funktion dieser Kaufleute, an die man heute nicht denkt – brachten sie Neuigkeiten mit.

Vielleicht waren ihre „Zeitungen" etwas konkreter und gegenwarts-bezogener als die „Mären", die die reisenden Sänger (althochdeutsch: Skops) zum Besten gaben. Beide Worte in Anführungsstrichen bedeuteten im Mittelhochdeutschen fast dasselbe, wobei damals noch niemandem die Idee kam, dass das eine Reales und das andere Erfundenes bedeuten könnte.

Die Kaufleute jedenfalls wussten den Dorfältesten, Häuptlingen oder Fürsten, bei denen sie einkehrten, viel zu erzählen über die Gegenden, wo sie früher gewesen waren, und sie wurden auch gezielt ausgefragt, auch nach dem, was sie von anderen Kaufleuten unterwegs gehört hatten. So wird man selbst bei den Adelsherren der sarmatischen Hirten in Pannonien recht gut Bescheid gewusst haben, wo es für sie Gegenden gab, die nicht von Kriegen kampfbesessener Germanen „verseucht" waren.

Eine Wegrichtung, die vom heutigen Ungarn aus nach Nordwesten führte, war gewissermaßen durch die Natur den Gruppen vorgeschrieben, die mit größeren Herden von Vieh, mit Wagen und mit zahlreichen Fußgängern und Reitern „auf Völkerwanderung" gehen wollten. Denn damals existierten zwar schon zahlreiche Handelsstraßen kreuz und quer durch Europa seit uralter Zeit. Aber das waren nach heutiger Sicht meist nur „Trampelpfade", gangbar für kleine Gruppen von Fußgängern, vielleicht auch Reitern und für einzelne Karren von Kaufleuten, aber nicht für hunderte oder gar tausende von Menschen auf einmal.

Wege für solche großen Züge boten im Altertum allein die Ufer größerer Flüsse, wie Rhein und Donau. Auch die Flüsse March und Elbe in Tschechien waren geeignet, vor allem für alle Menschen, die ins heutige Deutschland wollten. Der Durchbruch der Elbe durch das Elbsandsteingebirge, der alten Grenze, bot überhaupt den einzigen Weg für größere Menschengruppen, das Grenzgebirge zu durchqueren.

War diese Strecke erst einmal überwunden, dann stand den Auswanderern kein größeres Hindernis mehr entgegen. Sie konnten sich nach Westen halten, südlich am Harz vorbei an der mittleren Leine entlang bis etwa in die Gegend der heutigen Stadt Holzminden, dort mit Hilfe einer Furt die obere Weser überqueren und bei den Externsteinen die Handelsstraße erreichen, die bereits seit der Steinzeit Südfrankreich mit der Ostsee verband.

Dort konnten sie dann hinter dem Bergabhang eine weite Ebene sehen, wie geschaffen für das Sattwerden großer Herden von Rindern, Schafen und Pferden. Es war die heute Senne genannte Gegend im östlichen Westfalen, dort, wo die Flüsse Ems und Lippe entspringen.

Auf dem ganzen Weg von der pannonischen Puszta bis hierher hatten die Herden keine größere Höhe ersteigen, keinen Bergpass überwinden müssen, und an den Flüssen, an denen die sarmatischen Hirten entlang gezogen waren, konnten Vieh und Menschen stets nach Herzenslust trinken. Übrigens war die Entfernung von Ungarn bis Westfalen nicht weiter als der Weg, den die amerikanischen Cowboys im 19. Jahrhundert von Nord-Texas mit ihren Herden an die ersten transkontinentalen Eisenbahnen in den USA zurücklegen mussten, um ihr im Sommer auf der Prärie gemästetes Vieh in die Schlachthöfe bringen zu lassen: zwischen 800 und 900 Kilometer.

An den Externsteinen, auf der Höhe vor dem Abstieg in die Senne, dürften die sarmatischen Auswanderer einige germanische Priester angetroffen haben, denn dort befand sich seit Jahrhunderten eine Kultstätte, die wohl für alle Menschen in weitem Umkreis ein Heiligtum war. Die alte Handelsstraße führte mitten zwischen den riesigen Sandsteintürmen hindurch, die unvermittelt auf der Berghöhe aufragen, ein Naturschauspiel, das so leicht nicht wieder auf der Erde zu finden ist.

Vermutlich haben die Fürsten und Priester der Ankömmlinge mit den heimischen Priestern bald Freundschaft geschlossen. Der Grund für diese Vermutung wird im Kapitel „Ein Mithras-Heiligtum an den Externsteinen" näher erklärt.

Nach ihrem Abstieg in die Ebene der ostwestfälischen Senne haben sich wohl die sarmatischen Dracones in die einzelnen Schwurgemeinschaften aufgeteilt, jeweils unter Anführung einer Adelsfamilie, und sie haben die Weideflächen für ihr Vieh wie gewohnt in gehörigem Abstand von einander gehalten.

Das, was auf den vorstehenden Seiten nur behauptet wurde, muss natürlich auch plausibel belegt werden, damit es korrekte Wissenschaftler auch glauben. Diese Belege stammen aus völlig verschiedenen Wissenschaften; sie werden in den nachfolgenden Kapiteln näher dargestellt.

3.   Die geheimnisvollen Pferdegräber

Seit Menschen auf Pferden reiten gelernt hatten, sind immer wieder einmal solche treuen Helfer nach ihrem Tod sorgsam beigesetzt worden, auch wenn in der Regel Arbeitstiere „auf den Schindanger" kamen und vielleicht vorher aufgegessen wurden.

Solche Pferdegräber sind natürlich auch den Archäologen aufgefallen; sie konnten feststellen, wo sie häufig anzutreffen waren und worin sie sich im Detail unterschieden. E r k l ä r u n g e n für diese Unterschiede kann jedoch die Wissenschaft der Archäologie mangels zuverlässigen h i s t o r i s c h e n Wissens nicht liefern - - und wenn sie es dennoch versucht, dann kommen häufig Fehlurteile heraus. Doch die sind dann äußerst langlebig, weil wiederum die H i s t o r i k e r sich auf die „Erkenntnisse" der Archäologie verlassen und sich keine Mühe geben, selbst genauer zu forschen. Bei den Pferdegräbern der Sarmaten ist dieser „Systemfehler" besonders auffallend und bedauerlich.

Archäologische Grabungen haben inzwischen in Mitteleuropa, z. T. darüber hinaus, mehrere hundert Gräber festgestellt, in denen Pferde beigesetzt wurden [1]. In sehr vielen Fällen waren diese Pferdegräber ganz in der Nähe menschlicher Körpergräberfelder angelegt, selten aber waren ein Reiter und ein Pferd in e i n e m Grab beigesetzt (das sind dann sog. „Reitergräber"). Von den menschlichen Körpern waren viele unverbrannt beigesetzt worden, doch fiel auf, dass auch zahlreiche Brandgräber auf dem gleichen Friedhof anzutreffen waren. Dieser Zusammenhang zwischen menschlichen Körper- und Brandgräbern sowie Pferdegräbern ist wohl von archäologischer Seite nie näher untersucht worden, er ist aber aus den Glaubensvorstellungen der iranoarischen Sarmaten leicht zu erklären (s. oben S. 12.).

Der besondere Ritus der Pferdeopfer lässt sich daran erkennen, dass fast immer Hengste, gelegentlich auch Wallache, geopfert wurden, indem den Tieren, die bereits in der Grabgrube standen, mit einem Schwert der Kopf abgetrennt und der Kopf in einer besonderen Nische abgelegt wurde [2]. Hengste galten als die ed-

---

[1] Eine frühe Zusammenstellung älterer, regional erstellter Listen aus den 50er und 60er Jahren des 20. Jahrhunderts stammt von M. Müller-Wille, Pferdegrab und Pferdeopfer im frühen Mittelalter, in: Jahrbuch des Rijksdienst voor Oudheidskundig Bodemonderzoeg 20/21 (Niederlande, 1972), S. 119 - 248

[2] Diese Zusammenfassung von zahlreichen Untersuchungen ist der Dissertation von Verena Freiin von Babo, Pferdebestattungen auf dem frühmittelalterlichen Gräberfeld Drantumer Mühle, Gem. Emstek, Kreis Cloppenburg, Diss. Hannover 2007, zu verdanken, die auch die meisten anderen Pferdebestattungen in Mitteleuropa einer statistischen Auswertung unterzogen hat.

leren Tiere, doch Stuten sorgten für neue Geburten von Fohlen und somit für den Wertzuwachs der lebensnotwendigen Pferdeherden bei den Sarmaten. Sie durften normalerweise nicht geopfert werden.

Der erst im Frühmittelalter – genauer in der zweiten Hälfte des 5. Jahrhunderts n. Chr. – aufgekommene Brauch von Pferdebestattungen in Mitteleuropa ist von der archäologischen Wissenschaft bisher immer für eine germanische Sitte gehalten worden, oder für einen Brauch, den Germanen infolge von *„Fernbeziehungen, eventuell zu Reiternomaden aus dem Südosten"* übernommen hatten [3].

Historische Fakten belegen jedoch, dass die hier beobachteten Pferdegräber n i c h t von den „klassischen" Reiternomaden des Frühmittelalters stammen können.

• H u n n e n legten nur Pferdehäute und –köpfe ins Grab ihrer gefallenen und bestatteten Krieger [4]. Außerdem waren sie ab der Mitte des 5. Jahrhunderts bereits aus Europa wieder verschwunden, b e v o r dort die Pferdegrabsitte auftrat.

• A w a r e n, ein anderes Reiterkriegervolk aus Innerasien, vermutlich turk-mongolischer Abstammung, fielen erst ab 560 in O s t europa ein; zu dieser Zeit war die Pferdegrabsitte in M i t t e l europa bereits voll ausgebildet.

• G e r m a n i s c h e Ostgoten, Gepiden und Langobarden haben offenbar den besonderen Brauch der Pferdegräber in der beschriebenen Form ausgeübt (vermutlich auf sarmatische Anregung hin), aber in ihrer H e i m a t während der Völkerwanderungszeit, nämlich in Pannonien, Mähren, Niederöster-

---

[3] Heiko Steuer, Pferdegräber, in Bd. 23 des Reallexikons d. german. Altertumskunde, Berlin-New York 2002, Sp: 50 - 96
[4] Peter Tomka, Über die Bestattungssitten der Hunnen, im Katalog „Attila und die Hunnen" zur entsprechenden Ausstellung Speyer 2007, S. 256

reich, später in Italien. Nach Mitteleuropa kamen diese Völker nicht, jedenfalls nicht in größerer Zahl.

Die in Mitteleuropa beobachtete Beisetzungsart ist jedoch typisch für das Reiterhirtenvolk der S a r m a t e n , wie archäologische Forschungen für hunderte derartiger Gräber aus der Frühzeit des Volkes in der Ukraine und Südrussland zeigen [5].

Die bisher veröffentlichten Karten von Pferdegräbern in archäologischen Fachaufsätzen [6] täuschen durch ihre starke Verkleinerung eine große Häufigkeit solcher Gräber vor. Selbst wenn man annimmt, dass es vielleicht in ganz Deutschland einst 1000 Pferdegräber gegeben hat, von denen man bis jetzt nur ein Drittel gefunden hat, sind es doch sehr wenige im Verhältnis zu den vielen tausenden von menschlichen Körpergräbern der Germanen im Frühmittelalter, die bereits geborgen wurden. Sie verteilen sich noch dazu über zwei Jahrhunderte. Auf der Karte (S. 28/29) überdeckt jedes Zeichen für ein Grab ca. 20 Quadrat k i - l o meter, während es doch in Wirklichkeit nur zwei oder drei Quadrat m e t e r sind !

Sehr auffällig ist jedoch die ganz unterschiedliche r e g i o n a - l e Verteilung. Auf der hier abgebildeten Karte von Westfalen und dem Rheinland fällt das nicht so auf wie auf einer Karte von ganz Deutschland.

---

[5]   U.a. Jaroslaw Lebedynsky, Les Sarmates, Amazones et lanciers cuirassés entre Oural et Danube VIIe siècle av. J.C. ¨ – VI ^{e} siècles apr. J.C. : edition Errance , Saint –Germain-de Puys (Frankreich), 2002, ISBN 2-87772-235-X

[6]   So z. B. die von Vera Brieske, Karte Verbreitung frühmittelalterliche Pferdegräber 5. – 8. Jh. nach Müller-Wille (1972) und Gebers (2005) in „Die Herrschaften von Asseln – ein frühmittelalterliches Gräberfeld am Dortmunder Hellweg" (Ausstellungskatalog München-Berlin 2007, S. 102)

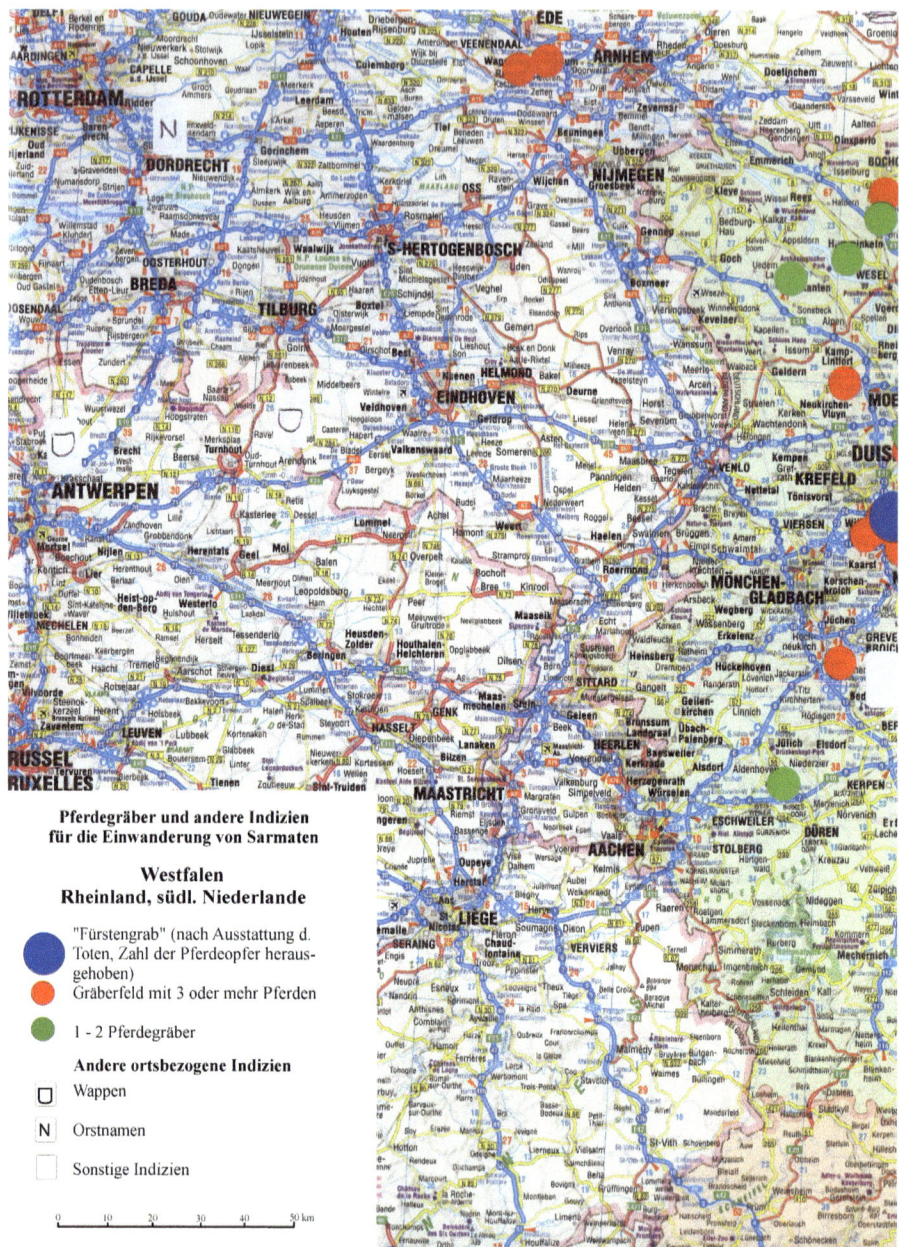

**Pferdegräber und andere Indizien
für die Einwanderung von Sarmaten**

**Westfalen
Rheinland, südl. Niederlande**

"Fürstengrab" (nach Ausstattung d.
Toten, Zahl der Pferdeopfer heraus-
gehoben)

Gräberfeld mit 3 oder mehr Pferden

1 - 2 Pferdegräber

Andere ortsbezogene Indizien

⊔ Wappen

N Orstnamen

Sonstige Indizien

0   10   20   30   40   50 km

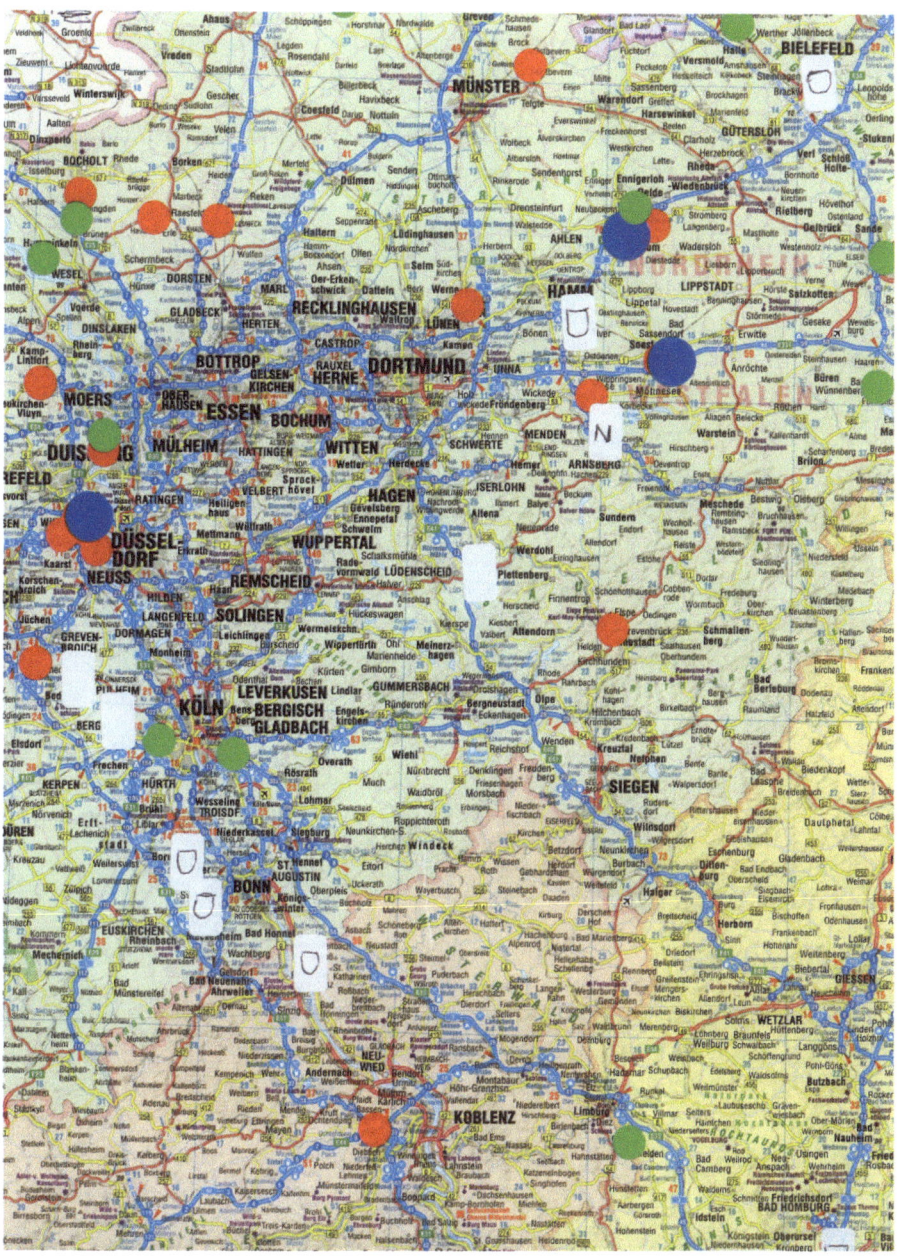

Pferdegräber „sarmatischer" Art finden sich im Wesentlichen

- in einem großen Halbkreis östlich um den Harz herum (siehe dazu Band **4** dieser Reihe: **Thüringen)**,

- im Raum zwischen Hamburg und Bremen, aber südlich beider Städte, zwischen unterer Elbe und unterer Weser (siehe dazu Band **3: Widukinds Geheimnis**); dazu eine kleine Region im äußersten Nordwesten der Niederlande, aber nicht im damals wohl friesischen Gebiet;
- im nordöstlichen Westfalen, westlich des Eggegebirges, bis ins südöstliche Münsterland. Hierzu mehr in d i e s e m Band. Die bergigen Teile (Sauerland) sind ausgespart.
- am Niederrhein von Köln bis westlich Arnheim (Niederlande); auch hierzu wird in d i e s e m Band einiges erklärt.
- in einem Umkreis von ca. 60 Kilometern rund um Mainz, auf allen Ufern von Rhein, Main und Nahe. Hierzu ist im Band **1** der Reihe **„Sarmaten, Unbekannte Väter Europas"**, S. 79 f. Näheres ausgeführt.

- südlich und nördlich der oberen Donau, nicht im Schwarzwald und weiter westlich, aber im Allgäu und auf der Schwäbischen Alb. Ausführliches zu dieser Region im Band **5: Die Schwaben.**

Vorkommen von Pferdegräbern in Nordfrankreich – auch dort gibt es erstaunlich viele davon, vor allem im Grab des Königs Childerich (siehe dazu den Band **Die Geheimnisse der Merowinger**) – wurden hier nicht berücksichtigt, weil sie von der deutschen archäologischen Forschung nie in ihre Auswertung derartiger Gräber in Listen und Karten einbezogen wurden. Ein deutscher Archäologe stellte zwar die Identität besonderer Pferdegräber von Childerichs Grab in Tournai mit mehreren Fällen in

Niedersachsen und Thüringen fest, zog aber keine Schlussfolgerungen daraus. Für ihn waren es alles „germanische Gräber" [7].

Die in diesem Band abgedruckte Karte beruht auf einer erneuten Durchmusterung der Fundlisten und –karten deutscher Archäologen durch den Autor. Nur eine A u s w a h l von Pferdegräbern wurde hier einbezogen, da die alten Listen zumeist vor Jahrzehnten, vielfach schon im 19. Jahrhundert erstellte Grabungsberichte benutzten, die noch keinen Unterschied zwischen den Grabsitten oder der Zeitstellung machten. Daher mussten für die in diesem Band (und in den anderen Bänden der Reihe) veröffentlichten Karten relativ wenige, aber aussagekräftige Fundorte ausgewählt werden.

Andererseits konnten bei den neu erstellten Karten auch andere Indizien einbezogen werden, die auf sarmatische Spuren an einer bestimmten Örtlichkeit hindeuteten. Die Bedeutung der verschiedenen Farben der Markierungspunkte sind auf der abgedruckten Karte selbst erläutert. Zu den weißen Markierungen (Wappen, Ortsnamen und sonstige Indizien) sind an passenden Stellen dieses Bandes Erklärungen zu lesen.

Gerade die neuen, vom Autor erstellten Karten Deutschlands zeigen, dass viele im Frühmittelalter von G e r m a n e n bewohnte Gegenden Mitteleuropas k e i n e Pferdegräber aufweisen, andere Regionen dafür umso mehr. Es kann sich dabei also nicht, wie oft von deutschen Archäologen behauptet, um eine von Germanen a l l g e m e i n geübte oder aus der Fremde angenommene Sitte gehandelt haben.

---

[7]   Wilhelm Gebers, Auf dem Wege nach Walhall – Die Pferde der Altsachsen, S. 35 f. (Katalog zur Ausstellung Lohne 2004) .

4.   Eine Schriftquelle für die „Schachmänner"

Historiker werden es nicht glauben, und Archäologen interessiert es wahrscheinlich nicht. Aber es scheint tatsächlich eine Schriftquelle zu geben, in der die Einwanderung von Sarmaten und ihren Adligen (den „Schah", wohl „Schach" ausgesprochen) in das östliche Westfalen erwähnt ist.

Der Weg zu dieser Erkenntnis ist allerdings ausgesprochen schwierig und kann von „normalen" Historikern wohl nie gefunden werden. Denn wer von ihnen hat schon parallel zu seinem Fachstudium die „altnordische Sprache" (altnorwegisch-isländisch; die Sprache der Edda) gelernt und dabei auch noch etwas von dem mittelalterlichen Manuskript der „Thidrekssaga" mitbekommen?

Dieser Text ist eine sehr ausführliche Wiedergabe von „Heldensagen" offenbar aus dem germanischen M i t t e l europa aus dem Frühmittelalter (oder noch davor) in Prosa, gruppiert um den Helden „Dietrich von Bern". Im 19. und noch in der ersten Hälfte des 20. Jahrhunderts wurde diese Sagensammlung von Sprachwissenschaftlern (Germanisten und Skandinavisten) intensiv untersucht, seitdem aber beschäftigt sich kaum noch ein Fachmann an deutschen Universitäten damit. Nur eine Gruppe von Privatforschern hat sich seit etwa zwei Jahrzehnten der Forschung zu diesem Thema angenommen, angeregt durch Bücher des Germanisten Dr. Heinz Ritter-Schaumburg, der allerdings kein Universitätsprofessor war. Zu diesen Privatforschern gehört auch der Autor dieses Buches [8].

---

[8]   Die Forschungen werden gebündelt in einem privaten Verein (Dietrich von Bern-Form, Verein für Geschichte und Heldensage, bis 2009: Thidrekssaga-Forum), mit einer 4 mal im Jahr erscheinenden Zeitschrift DER BERNER; hierin und in besonderen Bänden sind seit dem Jahr 2000 ca. 5000 Seiten an

Inzwischen dürfte ziemlich sicher sein, dass diese mittelalterliche Pergament-Handschrift (wohl von etwa 1290) nur eine späte Kopie der Übersetzung einer um 1240 erstmals in mittelniederdeutscher Sprache aufgeschriebenen Sammlung der bis dahin mündlich weitergegebenen „Sagen" aus dem Frühmittelalter ist. Doch sind die Manuskripte in d e u t s c h e r Sprache offenbar alle unwiederbringlich verloren gegangen, nur einige der nordischen Texte sind erhalten.

Zahlreiche Kerne realer historischer Vorgänge oder Zustände sind darin verborgen und erlauben daher Blicke in eine bisher völlig „quellenlose" Vergangenheit von Teilen des Gebietes, das heute Deutschland heißt. Doch ist große Sorgfalt bei der Freilegung dieser „Kerne" geboten.

In dem umfangreichen Buch der Thidrekssaga (inzwischen mehrfach ins Deutsche übersetzt) finden sich zwei Geschichten, in denen „Schachmänner" eine Rolle spielen. Die *„skaekmenn"* in der nordischen Sprache des Schrifttextes sind offenbar eine Übersetzung aus einem ursprünglich niederdeutschen („sächsischen") Wort, das etwa „Schachmänner" bedeutet haben könnte [9]. Es war im Altnordischen wohl so etwas wie eine Lehnübersetzung aus dem Niederdeutschen, weil die Skandinavier das seltsame und eigentlich unerklärliche Wort sicher zuvor nicht kannten.

In den beiden Geschichten in der Thidrekssaga, in denen das Wort auftaucht, geht es um Kämpfe, die der König Dietrich von Bern und seine Gefolgsleute gegen „bösartige Schachmänner" ausfechten müssen und natürlich gewinnen. Beide Episoden sind nach jahrhundertelanger mündlicher Überlieferung voll späterer

---

Forschungen zu den verschiedensten Einzelthemen im Umkreis um die Thidrekssaga erschienen.

[9] Dieses Wort erscheint nur in der ältesten Übersetzung der Thidrekssaga ins Deutsche (F.H. von der Hagen, 1816), in neueren Übersetzungen heißt es missverstanden „Mörder" oder „Räuber"

Ausschmückungen, märchenhafter Übertreibungen und Verbiegungen. Wenn man allerdings diese nach sehr sorgfältiger Analyse der Texte abstreifen kann, kommt ein erstaunlicher uralter „Geschichtskern" zum Vorschein.

Offenbar hatten sich Germanen in Westfalen zeitweise gegen „Schachmänner" zur Wehr zu setzen. Sie müssen die sarmatische Bezeichnung für die Angehörigen der Adelsklasse „Schah" gehört haben und dieses Wort in i h r e Sprache umgeformt haben. Die Germanen an der Lippe empfanden die Neuankömmlinge offenbar nicht nur als unerwünschte Eindringlinge, sondern als „Räuber" und „Mörder" – eine durchaus verständliche Reaktion. Ob diese Bezeichnung wirklich berechtigt war, soll einmal dahin gestellt bleiben.

Eine der beiden Episoden, in denen „Schachmänner" vorkommen, wird im nordischen Text mit der Überschrift versehen „Das Kastell an der Lippe". Darin kämpfen (natürlich germanische) Helden gegen die bösen „Schachmänner", die an einer Furt durch den Fluss Lippe eine Art Zollstation betreiben, und natürlich siegen die in der mündlich überlieferten Sage gefeierten Helden. Ob das der historischen Wirklichkeit entsprach, war nicht entscheidend, auch muss die Bösartigkeit des Auftretens der „Schachmänner" und ihre Zahl nicht unbedingt der einstigen Realität entsprochen haben.

Wichtig ist, dass hier aus dem Blickwinkel der ursprünglichen Gegner der einwandernden „Schachmänner" solche Auseinandersetzungen erwähnt und durch die Jahrhunderte rein mündlicher Überlieferung bis zur ersten s c h r i f t l i c h e n Fixierung (wohl um 1240) aufbewahrt worden sind. Diese Gegner müssen Germanen gewesen sein, wahrscheinlich vom Stamm der Hattuarier; in der Thidrekssaga heißen sie „Hunen", doch darf dieser Völkername keinesfalls mit den asiatischen Hunnen verwechselt werden.

Es ist sehr verständlich, dass die germanischen Dichter der ersten Heldenlieder (um 460 ?) den wehrhaften Eindringlingen zuerst mit Feindschaft gegenüber standen und sie in ihren Heldenliedern mit Worten sehr negativer Bedeutung belegten. D i e s e r historische Kern schält sich bei sorgfältiger Analyse der Thidrekssaga-Texte heraus. Sie sind möglicherweise die einzigen Urteile über die Sarmaten in Mitteleuropa aus der Sicht ihrer ursprünglichen Kontrahenten, die sich in Schriftform erhalten haben.

Und erstaunlich: einige der sarmatischen Pferdegräber in Westfalen, und zwar möglicherweise die ältesten, liegen s ü d - l i c h des Flusses Lippe, in Wünnenberg-Fürstenberg, in Paderborn, in Soest und in Bremen-Ense bei Soest. Tatsächlich könnte man daraus schließen, dass für einige Zeit der Fluss Lippe eine Grenze zwischen den eingewanderten Sarmaten und ihren germanischen Gegnern war. Noch im Hochmittelalter war der Fluss Lippe übrigens Grenze zwischen verschiedenen gräflichen und bischöflichen Territorien.

Das Wort „*skaekmenn*" im nordischen Text der Thidrekssaga oder „Schachmänner" im ursprünglichen „mitteleuropäisch-germanischen" Text der Heldenlieder (wie das Wort damals gelautet haben mag, wissen wir nicht genau) führt weiter zu einem Wort, das es zumindest im Alt h o c h deutschen bereits gegeben hat. Hier lautet es (nach etymologischen Wörterbüchern) „*scahhari*"; im Mittelhochdeutschen verwandelte es sich in „*schachaere*". Und dieses Wort hieß dann im frühen Neu-Hochdeutschen „*Schächer*".

In dieser Form wurde es durch Luthers Bibel-Übersetzung bis in die Neuzeit bewahrt: Schächer wurden die beiden Verbrecher genannt, die zusammen mit Jesus Christus gekreuzigt wurden. Die tiefere Bedeutung des Fremdwortes als „Räuber" oder „Mörder" liegt hier auf der Hand.

Sprachwissenschaftler konnten bisher nicht erklären, woher dieses Wort in der deutschen Sprache stammte, in anderen germanischen Sprachen fehlt es. Doch nach der hier erstmals vorgelegten Erklärung dürfte auch dieses Wort eine unbewusste Erinnerung an die Sarmaten sein, die vor anderthalb Jahrtausenden nach Westfalen gekommen sind.

5. Die „sächsischen" Pferdegräber von Beckum

Schon im Jahr 1860 hat man bei der Stadt Beckum in Westfalen eine frühmittelalterliche Begräbnisstätte ausgegraben, die 61 (gefundene) menschliche Bestattungen enthielt, sowie einige sorgfältig beigesetzte Pferde. Bis heute wird dieser Friedhof von einem Geschichtsbuch ins andere als Grabstätte von „Sachsen" weiter gereicht. Dort hatte man offensichtlich Männer hoher Abstammung über 4 – 5 Generationen begraben.

Im Jahr 1959 fand man bei der Aufschließung eines neuen Bebauungsgebiets ein weiteres Gräberfeld aus der gleichen Zeit („Beckum II") mit 24 Körpergräbern, 16 Brandgräbern und nicht weniger als 30 Pferdegräbern. Unter den Körpergräbern war eines mit besonders wertvollen Beigaben ausgestattet; man hat es sogleich als „Fürstengrab" bezeichnet. Insgesamt waren beide Friedhöfe bis etwa zum Jahr 800 n. Chr. in Benutzung, sie lagen etwa 2 Kilometer voneinander getrennt.

Bei einer sorgfältigen archäologischen Nachuntersuchung im Jahr 2004 durch Vera Brieske [10] wurde festgestellt, dass die

---

[10]   Vera Brieske, Pferdegräber als Zeichen für Sachsen in Westfalen ? In: H. Brink-Kloke, H. Deutmann (Hrsg.), Die Herrschaften von Asseln – Ein frü-

Grabanlage „Beckum II" in Wahrheit die ältere war, Beisetzungen auf ihr begannen um etwa 575 n. Chr., auf „Beckum I" . erst um 600. Diese Anlage muss, aus welchen Gründen auch immer, eine Art „Neben-Friedhof" für den älteren und viel länger belegten Friedhof „Beckum II" gewesen sein. Auf beiden Friedhöfen wurden offenbar viele Generationen von Häuptlingen oder Fürsten standesgemäß beigesetzt.

Als „Beckum I" im Jahr 1860 gefunden wurde, galten selbstverständlich alle Menschen, die im Frühmittelalter in Nordwestdeutschland lebten, als „Sachsen". Gemeint sind natürlich die Menschen, die dem heutigen Bundesland Niedersachsen den Namen gegeben haben. Zum Bundesland Sachsen ist der Name erst im Hochmittelalter durch Erbfolge gewandert. Aus den mittelalterlichen Schriftquellen wusste man es nicht anders, als dass die Menschen dort zwischen Sauerland und Nordsee von der Römerzeit bis zu Karl dem Großen „Sachsen" gewesen seien.

Doch die Archäologin, die die jüngsten Untersuchungen zu den Beckumer Gräbern angestellt hat, Vera Brieske, äussert sich da zur Benennung der Menschen als „Sachsen" sehr skeptisch: *„Wie die im westfälischen Raum lebenden Menschen des 6. und frühen 7. Jahrhunderts genannt wurden, bzw. ob sie sich selbst als Sachsen bezeichneten, ist mehr als unklar... Die Benennung dieser Leute als Sachsen beruht auf der schriftlichen Überlieferung des 8. Jahrhunderts"* [11] Gemeint sind die „Fränkischen Reichsannalen" aus Karls des Großen Zeit. In ihrem Aufsatz verneint die Verfasserin eindeutig die Frage, ob die Gräber mit Pferdebestattungen, auch das „Fürstengrab" in Beckum, diesem Volk der Sachsen zuzurechnen sei.

Zu welchem Volk gehörten sie dann ? Als vorsichtige Wissenschaftlerinen geben weder Vera Brieske noch ihre Kollegin,

---

mittelalterliches Gräberfeld am Dortmunder Hellweg (Ausstellungskatalog Berlin-München 2007)
[11] Vera Brieske, a.a.O., S. 107

die Archäologin Kristina Nowak, eine klare Antwort. Die letztere meinte in einem Aufsatz im gleichen Katalog nur vorsichtig, von den Annalisten sei *„aus Zweckmäßigkeitsgründen ... ein a n d e- r e s Volk als Sachsen bezeichnet worden"*[12] .

In den vorangehenden Kapiteln dieses Buches ist eine Einwanderung von Sarmaten nach Westfalen und Ansiedlung südlich der Lippe schon recht plausibel begründet worden. Beckum liegt aber nördlich davon. Doch die Beisetzungen auf dem Friedhof „Beckum II" sind geradezu „typisch sarmatisch" in ihrer Mischung von Körpergräbern (für männliche Angehörige des Adels), Urnengräber (vielleicht für adlige Frauen und besonders wichtige Angehörige der unteren Kaste) sowie geopferten Pferden in unmittelbarer Nähe (siehe dazu S. 12).

Es lässt sich also wohl mit Recht vermuten, dass nach einer Phase der Anpassung der beiden unmittelbar nach der Einwanderung noch verfeindeten Bevölkerungen, nach zwei oder drei Generationen, ein Teil einer zu groß gewordenen sarmatischen Adelsfamilie mit ihrem üblichen Gefolge und den dazu gehörigen Viehherden über die Lippe nach Norden gezogen ist. Das wird sicherlich nicht nur in einem, sondern in vielen Fällen passiert sein.

Der Platz – die spätere Kleinstadt Beckum – war gut gewählt, denn er lag an der Kreuzung zweier Handelswege. Der eine führte von Münster nach Paderborn, der andere von Soest nach Warendorf. Auch wenn es diese Orte im 6. Jahrhundert gewiss noch nicht als S t ä d t e gab, so hatten sie wohl doch schon eine gewissen Bedeutung. Wenigstens Münster und Paderborn konnten schon unter Karl dem Großen zu Bischofssitzen werden, und auch Soest galt bereits im 4. Jahrhundert als wichtiger Ort, wie

---

[12]   Kristina Nowak, Geschichte wird von Siegern geschrieben – Quellen des 6.-9. Jahrhunderts und der archäologische Kontext in Westfalen, a.a.O. , S-89-93

intensive archäologische Untersuchungen neuerdings nachgewiesen haben.

An diesem Beispiel Beckum lässt sich erkennen, dass die Sarmaten bei ihrer Niederlassung im fremden Land durchaus gezielt vorgingen und gerne Plätze besetzten, wo sie am durchziehenden Handel verdienen konnten. Denn natürlich war es üblich, dass reisende Kaufleute den Herren der Orte an ihrem Weg eine kleine Abgabe leisten mussten; in den meisten Fällen konnten sie diese Ausgabe durch günstige Käufe und Verkäufe am Ort kompensieren. Auch das „Kastell an der Lippe" (siehe voriges Kapitel) dürfte eine solche „Zollstation" gewesen sein.

Die bereits eben kurz zitierte Archäologin Kristina Nowak ist in ihrem Aufsatz der Lösung i h r e s Rätsels – nämlich zu welchem Volk die Menschen wirklich gehörten, die die so eindrucksvollen Pferdegräber in Beckum hinterlassen hatten – unbewusst schon sehr nahe gekommen. Aus einem Text des berühmten Historikers für die Zeit der frühen merowingischen Könige im Frankenreich, Gregor von Tours, schließt sie, der Anführer der „Leute aus Beckum" sei (natürlich mit etlichen Kriegern) vom Merowinger-König Sigibert um das Jahr 574 angeworben worden, um ihm in einem Bürgerkrieg mit seinem Bruder Chilperich zu unterstützen. Gregor bezeichnet diese Helfer als *„die wilden Völker von jenseits des Rheins"* [13]. Als christlicher Bischof war er höchst uninteressiert an jenen „Barbaren" und erwähnte sie nur in kürzester, und natürlich abwertender, Form.

Eine unbeweisbare Spekulation ist es, dass dieser Anführer aus Beckum bei den Kämpfen im fernen Gallien den Tod gefunden hat, aber von seinen Leuten nach Hause gebracht wurde, damit man ihm dort in Beckum das würdige erste „Fürstengrab" bereiten konnte, das ja „um 575" angelegt worden sein soll.

---

[13] Kristina Nowak, a.a.O., S. 89 - 93

Die Verbindung zwischen den Merowinger-Königen und den „Leuten von Beckum" lässt sich erklären, wenn man bereit ist, die vielen Indizien für eine sarmatische Herkunft auch der ersten Königsdynastie des Frankenreiches anzuerkennen (ausführlich dargelegt im Band 6:: **Die Ahnen der Merowinger und ihr „fränkischer" König Chlodwig**). Auch wenn zu vermuten ist, dass die „Leute von Beckum" und die merowingischen Könige und ihr engstes Gefolge zwei verschiedenen sarmatischen Stämmen angehört hatten, dürfte die gemeinsame Kultur und Sprache doch ein gewisses verbindendes Element dargestellt haben.

Einigen Archäologen ist die Ähnlichkeit der Grabausstattungen in Beckum und im merowingerzeitlichen Gallien aufgefallen. Das hat zu der Annahme geführt, die Germanen – oder genauer die „Sachsen" - in Westfalen hätten „fränkische" Grabbräuche „*nachgeahmt*". In Wirklichkeit war es keine „Nachahmung" fremder Bräuche, sondern die Bewahrung uralter, beiden Menschengruppen g e m e i n s a m e r kultureller Prägungen.

Die sarmatische „Fürsten"-familie in Beckum hat ihre Friedhöfe bis etwa zum Jahr 800 benützt und immer wieder auch Pferde und gelegentlich auch Hunde dort beigesetzt, als Opfergabe für ein totes Familienoberhaupt. Ab dieser Zeit sorgten die rigorosen Gesetze Karls des Großen für ein Ende „heidnischer" Bräuche und die Zwangsbekehrung zum Christentum für alle bisherigen „Heiden". Doch dürfte die sarmatische Fürstenfamilie in Beckum damit nicht ausgestorben sein.

Es gibt Hinweise darauf, dass sich diese Beckumer „Fürsten" bis ins frühe hohe Mittelalter fortgeerbt haben, dann unter dem Namen der Edelherren von Rüdenberg. Diese Familie hatte ausgedehnten Grundbesitz in Westfalen, genau in der Umgebung von Beckum bis hin zur Lippe. Der letzte dieses Geschlechts, ein gewisser Rabodo zu Rüdenberg, vererbte oder verkaufte kurz vor seinem Tod um 1170 seinen Grundbesitz an die Grafen von der Mark (vormals Grafen von Altena). Und wahrscheinlich vererbte er damit auch sein Wappen an diese Grafen, einen „geschachten" Balken aus roten und weißen Karos.

Genau das gleiche Wappen hatte das alte Königreich der Kroaten in der Nordhälfte der Balkanhalbinseln (und heute erneut der wieder aufgelebte souveräne Staat Kroatien). Die außerordentlich große Bedeutung der Indizien aus dem Bereich der Heraldik wird im nächsten Kapitel dargestellt.

Der Vorname des letzten Rüdenbergers, Rabodo, ist nun wahrlich kein germanischer Name, sondern klingt ausgesprochen sarmatisch. Auch sonst tauchen einige vermutlich „sarmatische" Personennamen als Ortsnamen in der Nähe von Beckum auf. Winzige Weiler tragen dort heute noch die Namen Arp und Bessis – aus der deutschen (oder germanischen) Sprache lassen sie sich nicht erklären (siehe die weißen Zeichen auf der Karte) .

6. Wappen geben Einblick in uralte Zeiten

Es ist erstaunlich, was die edle Wappenkunst, die Wissenschaft von der Heraldik, für Einblicke in alte, sonst völlig quellenlose Zeiten der Geschichte unseres Landes geben und auch Indizien für die Besiedlung durch Sarmaten liefern kann - - vorausgesetzt, man hat den Anfang des Leitfadens dafür gefunden und ist bereit, ihn anzuwenden.

Eine Hürde ist dabei zu überwinden. Die Zunft der Heraldiker behauptet steif und fest, vor etwa dem Jahr 1100 n. Chr. habe es noch keine Wappen der europäischen Ritter gegeben: erst da sei der Brauch aufgekommen, Zeichen für die verschiedenen Adelsfamilien auf die Holzschilde der Ritter zu malen, um die von Kopf bis Fuß in eiserne Rüstungen gehüllten Kämpfer von einander unterscheiden zu können.

Doch die Einwanderung von Sarmaten nach Mitteleuropa soll ja nach den Argumenten, die in diesem Buch vorgelegt werden, bereits in der zweiten Hälfte des 5. Jahrhunderts vor sich gegangen sein, also mehr als sechs Jahrhunderte, bevor die Wappenzeichen auf den Schilden zu sehen waren.

Die Überbrückung dieser langen Zeit ist höchstwahrscheinlich den Mänteln der Sarmaten zu verdanken, oder vielmehr den auffälligen Farben, in denen sich diese Abzeichen der Adligen voneinander unterschieden (siehe oben S. 16). Im Kampf hatten diese Mäntel die Funktion von Feldzeichen; später wurden bunte Fahnen daraus, die an einer Stange neben dem kommandierenden Offizier flatterten und den Kriegern zeigten, w o sie sich zum Kampf scharen mussten oder w o sie anzugreifen hatten. An Kämpfen wird es den sarmatischen Adligen in Mitteleuropa in dieser langen Zeit nicht gemangelt haben, auch wenn sie nicht als gefürchtete Mordbrenner wie die Hunnen in die Geschichte eingegangen sind.

Farben und deren bestimmte Anordnung auf einer Fläche waren also vorhanden, die später auf die Wappenschilde der Ritter gemalt werden konnten, und sie hatten sich von Generation zu Generation in den sarmatischen Adelsfamilien fortgeerbt, im Bewusstsein der besonderen Bedeutung dieser Zeichen.

Als weitere Voraussetzung für die Überleitung der Mantelfarben sarmatischer Adliger in kunstgerechte Wappen ab dem 11. oder 12. Jahrhundert müssen deren Familien in dieser ganzen Zeit ununterbrochen im M a n n e s stamm fortbestanden haben, denn natürlich durften nur Männer diese Adelszeichen tragen. Doch das scheint bei sehr vielen Familien der Fall gewesen zu sein.

Inzwischen sind allerdings wohl die allermeisten dieser Familien im Mannesstamm ausgestorben. Nur ganz wenige davon, und zwar solche gerade aus den höchsten Adelsrängen in Europa, haben unbewusst einen Rest des Denkens ihrer sarmatischen Vorfahren bewahrt - - dazu ist am Ende dieses Bandes noch etwas auszuführen.

Immerhin müssen zu Beginn des Hochmittelalters, eben als die späteren „kunstgerechten" Wappen sich die Welt der Ritter eroberten, noch zahlreiche Adelsfamilien bestanden haben, deren Vorfahren einst mit einem sarmatischen Draco nach Mitteleuropa gekommen waren. Sie konnten zu Herren von Dörfern oder Gütern oder gar Landkomplexen (z. B. Grafschaften) werden, die dann später die Wappen ihrer adligen Herren „geerbt" und damit bis in die Neuzeit überliefert haben.

Diese Erklärungen sollten nicht falsch verstanden werden. Sie bedeuten auf keinen Fall, dass a l l e die vielen Wappen, die schon im Hochmittelalter die einzelnen Ritter in Mitteleuropa unterschieden, von den sarmatischen Mantelfarben stammten. Vielmehr dürfte nur eine kleine Minderheit der mittelalterlichen Wappen von dort abzuleiten sein. Doch gerade dadurch sind diese Wappen wichtige „Leitzeichen" durch die Geschichte und können als Quelle für Ereignisse herangezogen werden, die sonst kein Schriftdokument verzeichnet.

Am Ende des vorigen Kapitels war schon das übereinstimmende Wappen der im Hochmittelalter gegründeten Grafschaft Mark in Westfalen und des alten Königreichs Kroatien erwähnt worden. Beide Wappen zeigen das gleiche Zeichen: einen „Balken" von 3 Reihen roter und weißer Karos im Wechsel (Fachausdruck der Heraldik dafür: „geschacht"). Das Wappen des alten, schon im Mittelalter als selbständiges Königreich untergegangenen Kroatien erlebte im neuen souveränen Staat auf der Balkan-Halbinsel seit 1991 eine Wiederauferstehung.

Zunächst ein Hinweis für diejenigen Leser, die keine Fachleute für die manchmal sehr eigenartige Ausdrucksweise der Heraldik sind. Der Begriff „geschacht" für den regelmäßigen Wechsel verschiedenfarbiger Karos in mehreren Reihen erinnert zwar an das Schachspiel, dessen 64 Felder (meist schwarz und weiß) so angeordnet sind. Doch er stammt nicht von diesem Spiel ! Denn die Kenntnis des Schachspiels ist, folgt man den Spezial-Historikern für die Geschichte dieses Spiels, erst ab dem 11. Jahrhundert auf dem Wege über die Araber und Spanien in Europa angekommen. Da aber gab es „geschacht" angeordnete Farben auf Adelsmänteln schon längst hierzulande.

Es ist wohl keine andere Erklärung möglich: das Wort „geschacht" muss von den „Schah", den sarmatischen Adligen, stammen, die ja auch auf dem Weg über die „Schächer" ihre Spur in der deutschen Sprache hinterlassen haben (siehe oben S. 37). Das beweist zugleich, dass zumindest einige Fachbegriffe aus der „Heraldikersprache" viel älter sein müssen, als die heutigen Vertreter dieser Kunst (oder Wissenschaft) behaupten.

Gemeindewappen mit rot-weißen „Schachbalken" finden sich in großer Zahl im Hunsrück. Dort sind sie das Erbe der mittelalterlichen sogenannten „vorderen Grafschaft Sponheim", die einst dieses Wappen führte. Die „hintere Grafschaft Sponheim" - zeitweise unter einem Grafenhaus mit der „vorderen Grafschaft" vereint – unterscheidet sich durch die Farbe der Karos in ihrem Schachbalken: hier sind sie blau und weiß, wie man heute noch an den Wappen etlicher Gemeinden feststellen kann, die einst zum Gebiet der „hinteren Grafschaft" gehörten.

Hier, im Buch über die Westfalen und ihre sarmatischen Vorfahren, würde es zu weit führen, die vermutlichen historischen Vorgänge näher zu erklären, die zur Übernahme der Muster sarmatischer Adelsmäntel in hochmittelalterliche Wappen im Hunsrück geführt haben (siehe dazu im Band 1: Sarmaten: **Unbekannte Väter Europas,** S. 72 und 81).

Doch wieso haben sowohl die „Urväter" der Ansiedler im Hunsrück, im westfälischen Beckum und in Kroatien offenbar das gleiche Adelsabzeichen gehabt ? Man könnte die sarmatischen Adligen hinzufügen, die nach dem heutigen Nord-Polen ausgewandert sind. Denn auch in Polen bestimmen die Farben

Rot und Weiß und sogar Karos aus diesen Farben heute noch die Symbole dieses Staates.

Solange keine andere, noch überzeugendere Erklärung gefunden wird, darf man wohl davon ausgehen, dass die Anführer aller dieser Auswanderergruppen Adlige aus dem Sarmatenstamm der Jazygen waren, die als Stammesabzeichen Mäntel hatten, die in roten und weißen Karos „geschacht" gewebt waren. Und sie alle dürften in ungefähr der gleichen Zeit in ganz verschiedene Himmelsrichtungen von ihrer damaligen Heimat Pannonien (Ungarn) mit ihren kleinen Gefolgschaften aufgebrochen sein, um den ständigen Kriegen der Germanen untereinander zu entgehen.

Kein Wunder, dass ab dieser Zeit kein Historiker mehr das Volk der Sarmaten erwähnt hat: es hatte sich durch diese vielen Auswanderungen in alle Himmelsrichtungen praktisch innerhalb weniger Jahrzehnte selbst aufgelöst. Am Ende dieses Buches wird wenigstens im Überblick die Fülle der Ziele sarmatischer Adliger in dieser Zeit vorgestellt werden.

D a m a l s, um das Jahr 460 n. Chr., werden die Adligen all dieser Auswandererzüge vermutlich relativ eng miteinander verwandt gewesen sein, wenigstens innerhalb des gleichen Stammes. Etliche Generationen später werden die Gruppen, die nun hunderte oder gar tausende Kilometer von einander entfernt lebten, das vergessen haben. Nur das gemeinsame Abzeichen hatten sie beibehalten.

In der Region der ersten Einwanderung in Westfalen südlich der oberen Lippe findet man keine Orte, die das rot-weiße Schachbrettwappen bewahrt haben, dafür eben die „typisch sarmatischen" Pferdegräber. Umgekehrt ist es im Bereich der mittelalterlichen Grafschaft Mark, zwischen den heutigen Städten Hamm und Hagen, wo viele Städte und Gemeinden die Schachbalken in ihren Wappen führen. Das ist kein Wunder, denn als der Brauch der Ritterwappen sich voll ausgebildet hatte, im 12.

Jahrhundert, waren Pferdegräber längst als „heidnische" Gebräuche von der christlichen Kirche verboten worden.

Erstaunlicherweise finden sich in einzelnen Gemeinden am Rhein in der weiteren Umgebung von Bonn wieder die rot-weißen Schachbalken. Der historische Ursprung dafür konnte bisher noch nicht ermittelt werden. Aber da am mittleren Rhein auch gar nicht so wenige Pferdegräber gefunden worden sind, scheinen sarmatische Einwanderer auch dort wohl recht bald Fuß gefasst zu haben.

7.   Sarmaten im Rheinland ?

Die folgenden Ausführungen hängen auch für den Autor dieses Buches etwas in der Luft, weil nach den bisherigen Forschungsergebnissen noch keine Indizien darauf hindeuten, w i e und w a n n sarmatische Einwanderer ins Rheinland l i n k s (also westlich) des unteren Rheins gekommen sind. Nur d a s s sie einst kamen, das sagen die dort gefundenen Pferdegräber, aber auch die rot-weiß „geschachten" Gemeindewappen ziemlich eindeutig aus (siehe die Farbkarte auf S. 28/29).

In einem Ort lässt sich aus den historischen Umständen etwas Konkreteres schließen, doch scheint das leider ein Einzelfall zu sein, der keine Rückschlüsse auf die anderen Anzeichen von Sarmaten in dieser Region zulässt.

In unmittelbarer Nähe des einstigen römischen Kastells Gelduba (heute Gellep, Ortsteil der Stadt Krefeld links des Niederrheins, dicht am damaligen linken Rheinufer gelegen) haben deutsche Archäologen schon seit mehreren Jahrzehnten ein riesiges Gräberfeld von römischen Soldaten und germanischen Söldnern in römischem Dienst ausgegraben, das größte nördlich der

Alpen. Über Jahrhunderte haben dort die Römer und später die, die ihnen folgten, ihre Toten dort begraben. Es ist auch das einzige (bisher gefundene) Gräberfeld, das über den entscheidenden Zeitpunkt jener Jahrhunderte, den Zusammenbruch des römischen Kaiserreichs, hinaus benutzt worden ist.

Auf diesem Gräberfeld wurde bereits vor Jahren ein „Fürstengrab" entdeckt, so eingestuft nach der Fülle der Beigaben für den Toten. Nach einer in seinem Mund gefundenen Münze nehmen die Fachleute an, dass er zwischen den Jahren 518 und 530 n. Chr. beigesetzt wurde. Ein ihm beigegebener Krug trägt eine lateinischen Inschrift; sie war einem „Arpvar" gewidmet, und daher schließt man, dass dieser tote Herr so geheißen hat.

Die historischen Umstände machen es wahrscheinlich, dass dieser Herr (oder „Fürst") im Auftrag des Königs der Franken (aus der Merowinger-Dynastie im heutigen Frankreich) mit einigen Kriegern in das ehemals römische Kastell Gelduba geschickt worden war, um es kampflos dem fränkischen Reich einzuverleiben. Es war bis dahin von niemandem erobert oder zerstört worden, und einige ehemalige römische Söldner lebten dort immer noch. Er konnte wohl seinen Auftrag erfüllen, und nach etlichen Jahren friedlicher Regentschaft in diesem Außenposten der Frankenkönige ist Arpvar dann dort gestorben, und seine Familie und Krieger haben ihm ein würdiges Grab bereitet.

Für ein „Fürstengrab" haben die Archäologen diese Beisetzung von vornherein gehalten, allerdings kam keiner auf die Idee, dass es sich dabei um einen s a r m a t i s c h e n Adligen gehandelt haben könnte. Ein Pferd hatte man diesem Fürsten nicht als Opfer beigegeben, jedoch einen Pferdesattel ausgesprochen sarmatischen Typs. Man hat den Toten und seine im Grab gefundenen Hinterlassenschaften mit modernen Methoden sorgfältig rekonstruiert und so eine sehr lebensnahe Ansicht des Grabes geschaffen, wie es einst vor 1500 Jahren angelegt worden war. Niemanden von den Fachleuten fiel es als etwas Besonderes auf, dass der untere Saum des Mantels, den der Tote in seinem Grab trug, aus roten und weißen Karos „geschacht" gewebt war.

Woher nun dieser Adlige aus dem Sarmatenstamm der Jazygen ins Heer des Frankenkönigs gekommen war, lässt sich nur raten. Die Merowinger kamen, wie oben schon erwähnt, aus einem anderen Sarmatenstamm, den Roxolanen. Aber die Unterschiede der einzelnen Stämme dieses Volkes dürften inzwischen keine Rolle mehr gespielt haben, vielmehr wird wohl der zuständige Frankenkönig froh gewesen sein, wenn sich ein sarmatischer Adliger bei ihm meldete und in seinem Heer Dienst tun wollte.

Kam der Gefolgsmann des Frankenkönigs in Gellep aus dem östlichen Westfalen, oder vielleicht aus der Gegend am mittleren Rhein, wo ja nun schon seit gut hundert Jahren Sarmaten ansässig waren ?

Das Königreich der Franken hatte unter seinem ersten König Chlodwig bereits so viel Ruhm unter allen seine Nachbarn erworben, dass ihm freiwillig junge Krieger aus verschiedenen Völkern zuströmten, um als Gefolgsleute des Königs Dienst zu tun. Den Sarmaten darunter war die Volkzugehörigkeit dieser Könige bestimmt noch immer voll bewusst und ein zusätzlicher Grund für ihren Gefolgschaftsschwur, obwohl seit Chlodwigs Taufe sowohl das Königshaus wie die katholischen Bischöfe eifrig bemüht waren, d i e s e Herkunft der Königsfamilie vergessen zu machen (siehe dazu **Band 6 Die Ahnen der Merowinger und ihr „fränkischer" König Chlodwig**). Der rot-weiß karierte Saum des Mantels (in der modernen Nachbildung) ist jedenfalls heute noch im Museum der Stadt Krefeld auf Burg Linn zu sehen. Aber welchem Besucher fällt dieses Indiz schon auf ? [14].

Genau die gleiche rot-weiß karierte Borte des Mantels weist ein anderer berühmter Toter aus fast der gleichen Zeit und der

---

[14]   Ausführlicher ist dies im Buch „Deutschlands unbekannte Jahrhunderte", S. 207-215, dargestellt.

gleichen Gegend auf, der „Herr von Morken". Dort war 1954 bei Ausgrabungen im späteren Braunkohlen-Tagebau westlich von Köln ein anderes „Fürstengrab" aus dem Frühmittelalter zu Tage gekommen. Der dort beigesetzte adlige Herr dürfte in den ersten Jahren des 7. Jahrhunderts gestorben sein. Wieder hat man hier sich bemüht, den Inhalt des Grabes und die Kleidung des Toten mit Hilfe moderner Technik so genau wie möglich zu rekonstruieren, um ein solches frühmittelalterliches Grab im Museum zeigen zu können (im Rheinischen Landesmuseum in Bonn).

Man darf wohl vermuten, dass in dieser Zeit die Adligen sarmatischer Herkunft nicht mehr einen ganzen Mantel in den alten Stammesfarben trugen, wohl aber als kennzeichnenden Saum unten am Mantel.

Ein völlig anderes Indiz erstaunte den Autor, als vor einigen Jahren in Bonn (dort lebt er seit vielen Jahren) ein Kaufmann aus dem Iran zum ersten Mal die Würde des Bonner Karnevalsprinzen bekleidete. Aus diesem Anlass veröffentlichte ein iranischer Journalist einen Artikel in der Lokalzeitung, der an frappierende Ähnlichkeiten zwischen dem „rheinischen Brauchtum" zu Karneval und uralten Bräuchen der alten Perser vor mehr als 2000 Jahren erinnerte [15].

Diese Feiern zum alten persischen Neujahrsfest (am 21. März, Frühlingsanfang) ähnelten in zahlreichen Einzelheiten dem Ablauf der Karnevalszüge im Rheinland in modernen Zeiten. Im Iran wurde dieser Brauch noch bis vor knapp hundert Jahren geübt, auch als die Menschen dort längst Muslime (in der Konfession der Schiiten) geworden waren. Erst die zunehmende religiöse Unduldsamkeit im Iran brachte die Tradition zum Erliegen.

Damals im alten Persien zogen fröhliche Menschen in Gruppen, einige davon als Krieger verkleidet, an einem nur für die

---

[15] Bahar Naderi, im GENERAL-ANZEIGER für Bonn, 5.2.2010.

Tage des Festes gewählten „König des Neujahrs" vorbei, der dabei kleine Geldmünzen unter die Leute warf. Bis auf die moderne Kleidung gleicht das auf verblüffende Weise dem rheinischen Karnevalsbrauch mit einem „Prinzen Karneval" und Umzügen mit geschmückten Wagen, Fußgruppen und als Soldaten (aus dem 18. Jahrhundert) verkleideten Karnevalisten in den rheinischen Großstädten, vor allem in Köln und Mainz. Geld wird heute nicht mehr geworfen, dafür umso mehr „Kamelle".

Wenn man sich mit der Geschichte des Karnevals in Deutschland beschäftigt, fallen die Unterschiede etwa zwischen den großen Umzügen in den rheinischen Großstädten und dem völlig andersartigen „Fasnets-Treiben" in Süddeutschland und Österreich auf (der sogenannten „schwäbisch-alemannischen Fastnacht"). Sie fallen zwar auf den gleichen Termin und werden noch heute begeistert gefeiert, haben aber sicher historisch andere Ursprünge.

Etwa in Köln muss der Brauch der Umzüge mindestens seit dem Mittelalter geübt worden sein, auch wenn er zwischendurch immer wieder zeitweise von der Obrigkeit verboten wurde. Er kann in dieser Form auch nicht von den Römern stammen. Woher aber dann ?

Eine Erklärung bietet vielleicht folgende Vorstellung: Die Stadt Köln war wohl im Frühmittelalter die einzige Stadt am Rhein, die nicht zerstört und geplündert worden war. Sie hatte ihre Bewohnerschaft aus der römischen Zeit in die neuen Zeiten hinüber gerettet. Alte Bräuche aus der Römerzeit – dazu gehörten die sogenannten „Saturnalien", dem späteren Karneval in manchen Zügen ähnlich – hatten sich dort erhalten können, und zwar nur dort. Köln mag im Frühmittelalter, zur Merowingerzeit, vielleicht nur 2000 oder 3000 Einwohner gehabt haben, doch war das für damalige Zeiten und die „abgelegene" Gegend schon eine „Metropole".

In diese „Großstadt" kamen dann irgendwann auch Sarmaten; nicht unbedingt Adlige, die hier die Herrschaft ausüben wollten, aber Menschen aus der unteren Kaste, den Handwerkern und Spezialisten, die vielleicht nicht mehr genug Arbeit bei ihren Schwurherren fanden. Diese Menschen mochten dann die Neujahrsbräuche aus der innerasiatischen Heimat ihrer Vorfahren auch in der so andersartigen Stadt am Rhein fortgeführt haben; denn man muss sich vergegenwärtigen, dass die antiken Perser mit den Sarmaten ethnisch, kulturell und sprachlich eng verwandt waren.

Nur in einer „Großstadt" wie Köln waren genügend Menschen vorhanden, die einerseits die Trupps der „Karnevalisten" stellen und andererseits das begeisterte „Volk" am Zugweg bilden konnten. Von Köln aus dürfte dieser spezielle Brauch sich im Mittelalter dann in die anderen Städte am Rhein ausgebreitet haben, die als Bischofsstädte ebenfalls Anspruch erhoben, noch aus der Römerzeit zu stammen, wie vor allem Mainz.

8. Ein Mithras-Heiligtum, wo es nicht sein darf

Bei der Einwanderung der sarmatischen Dracones nach Westfalen waren diese auf den alten Handelsweg eingeschwenkt, der schon damals seit Jahrhunderten die Ostsee mit Südfrankreich verband. Zwischen der Weser und der tiefliegenden Senne in Westfalen musste die Straße das Eggegebirge überwinden, eine der wenigen etwas steileren Höhen auf dem langen Weg. Oben auf der höchsten Stelle ragen die gewaltigen Sandsteinblöcke der Externsteine aus dem Wald, seit Jahrtausenden bereits ein Heiligtum für alle Menschen im weiten Umkreis. Die Straße ging noch bis vor anderthalb Jahrhunderten genau zwischen zwei der insgesamt fünf Türme dieser Externsteine hindurch, bevor sie die Wanderer in die Senne hinunter führte.

Ob sich die Sarmaten bei ihrer Ankunft dort lange aufgehalten haben, weiß man nicht. Auf jeden Fall aber muss es in den nächsten zwei- oder dreihundert Jahren zu häufigen Aufenthalten prominenter Besucher aus dem Volk der Sarmaten dort oben gekommen sein.

Die Felsen der Externsteine boten sich durch ihre geradezu „außerirdische" Form als heilige Stelle für jede Religion an, die in weiter Umgebung im Laufe der Jahrtausende verehrt wurde. Das galt gewiss für die Menschen der Stein-, der Bronze- und der Eisenzeit, sowie für die Germanen, die um das Jahr 500 n. Chr. dort lebten. Das galt auch später für die Menschen, als sie christlich geworden waren. Denn diese neue Religion war bestrebt, alle Orte, die den Vorfahren heilig gewesen waren, für sich zu beschlagnahmen.

Ab dem 10. Jahrhundert n. Chr. gehörten diese Externsteine einem Kloster im nahen Paderborn, und die Hauptaufgabe der Mönche dieses Klosters scheint es gewesen zu sein, die heilige Stätte zu einem Ort der Verehrung Christi zu machen.

Sie fanden mehrere Kammern in den riesigen Sandstein-Türmen vor, die von Menschen früherer Generationen in den Felsen gehauen und mit Skulpturen geschmückt worden waren. Was diese Stein-Denkmäler ursprünglich zeigten, war für moderne Kunsthistoriker praktisch nicht zu erkennen. Denn die christlichen Mönche hatten sie in „künstlerischer Freiheit" so verändert, dass man in einem dieser Steinbilder – im sogenannten „Felsen II" der Externsteine – die „Abnahme Jesu vom Kreuz" erkennen konnte, wie die Mönche behaupteten und wie die Fachleute der Kunstgeschichte bis heute erklären.

Doch es gab auch andere Meinungen zu diesem Kunstwerk. Schon im 19. Jahrhundert hatte ein Betrachter behauptet, das von den Steinmetzen im Altertum geschaffene Relief in der künstlichen Höhle im Sandsteinfelsen sei ursprünglich ein Weihebild für den Gott Mithras gewesen [16]. Dieser Gott wurde fast immer zusammen mit einem Stier abgebildet, der in den Zeremonien zu seiner Verehrung gehörte.

Die eigenartige Religion um den Gott Mithras stammte aus Persien oder den östlich angrenzenden Steppen des südlichen Innerasiens, ursprünglich entstanden wohl schon in der Mitte des letzten vorchristlichen Jahrtausends. Erstaunlicherweise erlebte sie eine Art Wiederauferstehung in der Zeit des s p ä t e n Römischen Reiches, und zwar hauptsächlich bei den römischen Soldaten, die ja aus allen Teilen des Weltreichs und darüber hinaus kamen. Der Mithras-Kult hat übrigens manche überraschenden Ähnlichkeiten mit Lehren, die die christlichen Bischöfe später in die Religion des jüdischen Messias Jesus Christus eingebracht haben.

Zum Mithras-Kult gehörte die Verehrung des Gottes in unterirdischen Höhlen oder Grotten, geschmückt mit Abbildungen des Mithras. Sie durfte nur von „Eingeweihten" vollzogen werden, denn dieser Kult war eine Geheimreligion, und zwar nur für Männer. Vielleicht war sie gerade deswegen für die Soldaten im spätrömischen Heer so attraktiv. Die Legionen der Römer haben den Kult in zahlreiche Regionen des Weltreichs verbreitet, wo man ihn nie vermutet hätte.

Erst in den allerletzten Jahren haben sich wieder Fachleute für diese Religion mit der Grotte mit dem Bild von „Christi Kreuzabnahme" am Felsen II der Externsteine beschäftigt und erklärten nun erneut und sehr nachdrücklich, das u r s p r ü n g l i c h e Relief habe den Gott Mithras gezeigt [17].

---

[16]   August Schierenberg, Die Externsteine, Detmold 1879, S. 21
[17]   Erwin Horstmann, Das Felsbild an den Externsteinen – ursprünglich ein Mithrasbild ? 1988, abgedruckt in Gerhard Tiggelkamp, Externsteinführer, Bad Kreuznach 1990. - Oswald Tränkenschuh, Das Kreuzabnahmerelief an den Externsteinen, Königsberg/Taunus 2010. – Ingeborg Resch-Reuter (Wien),

Doch unerklärlich für diese Experten blieb die Tatsache, dass dieses Mithras-Heiligtum in einer Gegend stand, wo es k e i n e römischen Soldaten gegeben hatte, wenigstens nicht in den Jahrhunderten n a c h dem kurzzeitigen „Ausflug" im Jahr 9 n. Chr., den die Legionen des Varus mit ihrem Leben bezahlen mussten. Zur Zeit des Kaisers Augustus, als die Schlacht im Teutoburger Wald geschlagen wurde, existierte der Mithras-Kult als römische Soldaten-Religion noch nicht. Weil dies historisch feststeht, hat man bis in die jüngste Zeit nicht an der Theorie gezweifelt, erst die Mönche des Klosters Abdinghof in Paderborn hätten die Christus-Skulptur in den Felsen der Externsteine gemeißelt.

Eine Lösung dieses Rätsels bietet die Einwanderung von sarmatischen Gruppen nach Westfalen auf dem Wege über die Externsteine. Krieger dieses Volkes waren ja in den Jahrhunderten davor vielfach als Söldner im römischen Heer eingesetzt gewesen und müssen da den Mithras-Kult kennengelernt haben. Sie nahmen ihn wohl vielfach als eigene Religion an. Vielleicht hatte ihre alte Religion sogar starke Ähnlichkeit mit diesem Kult, stammten die Sarmaten doch ursprünglich gerade aus der Gegend Innerasiens, wo er entstanden sein soll.

Zum Adel der sarmatischen Stämme gehörten auch Familien von Priestern, meist wohl mit den Fürstenfamilien verwandt, in denen nicht nur die Kenntnis der Traditionen und Riten der eigenen Religion von Generation zu Generation weiter gegeben wurde, sondern auch anderes wichtige Wissen. Diese Priester dürften zum Beispiel vielfach in der Lage gewesen sein, nicht nur Griechisch zu sprechen, sondern auch zu schreiben, weil die Sarmaten ja einst am Nordrand des Schwarzen Meeres mit den dort in klei-

---

Der Mithras-Kult , der Wegbereiter des Christentums. Sowie: Die Externsteine (beide bis 2011 noch nicht veröffentlicht). – Elke Moll, 300 Jahre Mithraskult – ein neues Kapitel in der Geschichte der Externsteine. 2012 (bisher unveröffentlicht; Mitteilung von Dr. Meier, Köln)

nen Städten siedelnden Griechen häufig in Berührung gekommen waren.

Wenn ein sarmatischer Draco im spätrömischen Reich in die Dienste des römischen Heeres trat, waren die zu dieser Militäreinheit gehörenden Priester die geeigneten Menschen, den Mithras-Kult für ihre Leute zu vollziehen, nachdem sie sich zu dieser Religion bekannt hatten. Unter den hoch gebildeten Priestern dürfte es auch Künstler gegeben haben, die in der Lage waren, als Bildhauer Steinskulpturen des Gottes Mithras mit dem Stier herzustellen.

So ließe sich zwanglos erklären, wieso in einem Sandsteinturm der Externsteine einmal eine „Grotte" hergestellt und in ihr ein Bild des Gottes Mithras eingemeißelt wurde.

Das soll nicht bedeuten, dass hier nun die S a r m a t e n es waren, die ab dem Jahr 460 (wenigstens ungefähr) die „Herrschaft" über das uralte Heiligtum an den Externsteinen übernahen. Vielmehr dürfte es so gewesen sein, dass an diesem riesigen Natur-Heiligtum v e r s c h i e d e n e Kulte nebeneinander vollzogen werden konnten, wenigstens in den Zeiten v o r der zwangsweisen Einführung des Christentums. Erst diese Religion hatte fast von Anfang an eine Unduldsamkeit gegenüber der „Konkurrenz" entwickelt, die jede Toleranz ausschloss.

Immer wieder – so darf man es sich vielleicht vorstellen – sind in den der Einwanderung der sarmatischen Hirten folgenden Jahrhunderten Gruppen von Priestern dieses Volkes zu den heiligen Externsteinen emporgestiegen und haben dort erst die Grotte für den Mithras-Kult hergestellt und später an dieser Stelle die Weihen von „Adepten" (neuer Verehrer des Gottes Mithras) vollzogen.

In diesen Jahrhunderten haben sie dort oben auch nach alter Sarmaten-Sitte Pferde geopfert. Insgesamt 12 sarmatische Pferdegräber hat man inzwischen dort oben auf der Höhe bei den Externsteinen gefunden. Sagt das nicht genug aus ?

9.   Ein Volk aus drei „Ständen"?

Das Ravensberger Land ist eine Gegend im nordöstlichen Westfalen, gelegen zwischen Osnabrück und Detmold, Minden und Paderborn, wobei jedoch alle diese Städte n i c h t dazu gehören. Die größte Stadt der Region ist Bielefeld, eine andere wichtige Stadt Herford. Die Gegend bekam ihren Namen nach der Ravensburg bei Borgholzhausen, errichtet auf einer Vorhöhe des Teutoburger Waldes, der sich quer durch das Ländchen zieht. Im Südosten des Ravensberger Landes, in Richtung auf Paderborn zu, dehnt sich die große Sandebene namens Senne, die schon mehrfach erwähnt wurde, weil sie die erste Region Westfalens war, die vermutlich von Sarmaten bei ihrer Einwanderung betreten wurde.

Sarmatische Pferdegräber hat man hier bisher nicht besonders häufig gefunden, nur bei dem eben genannten Borgholzhausen. Dennoch gibt es hier eine Erscheinung, die an sarmatische Bräuche erinnert, wenigstens den, der bereits die entsprechende Spur aufgenommen hat. In anderen Teilen Westfalens findet man sie nicht, erst recht nicht in anderen Teilen Deutschlands.

Der in Deutschland sehr häufige Familienname Meier (oft auch Meyer, Maier usw. geschrieben) stammt, wie man weiß, aus dem Mittelalter. Er war einst ein Titel für Bauern, die es übernahmen, einige ihrer Kollegen in eine neue Gegend zu führen und ein neues Dorf einzurichten. Der „Meier" war der erbliche Bürgermeister, der der Landesherrschaft gegenüber für die pünktlich zu zahlenden Steuern der Bauern haftete, dafür aber selbst von der Steuerzahlung befreit war. Er hatte auch sonst manche obrigkeitlichen Befugnisse. In anderen Gegenden Deutschlands hießen diese „Bürgermeister" Schulze (auch dieser Familienname ist heute sehr häufig).

Während im übrigen Westfalen und auch in Niedersachsen diese mittelalterlichen Dorf-Bürgermeister einfach nur Meier hießen (und so lautet dann auch heute ihr Familienname, oft allerdings mit anderen Begriffen zusammengesetzt, z.B. Hohmeier), findet man im Ravensberger Land gut drei Dutzend Familien, deren Familiennamen „Meier zu Theenhausen", „Meier zu Hoberge" usw. lauten, nach Dörfern, die es größtenteils heute noch gibt.

Meist haben die Oberhäupter dieser Familien wohl in den entsprechenden Dörfern einen großen Bauernhof besessen, und sie dürften seit dem Mittelalter über viele Generationen die erblichen „Meier" ihres Dorfes gewesen sein. Wohl erst seit dem Ende des 19. Jahrhunderts haben manche dieser Höfe den Besitzer gewechselt oder sind sogar eingegangen.

Bis ins 20. Jahrhundert galten diese „Meier zu…" als eine besonders herausgehobene Schicht unter den zahlreichen freien Bauern des Ravensberger Landes, als eine Art heimlicher Adel.

Unterhalb der freien Bauern gab es das ganze Mittelalter und den größten Teil der Neuzeit hindurch noch eine weitere „Klasse" der Dorfbewohner in Westfalen, die „Kötter". Sie wohnten in einem sehr kleinen Haus, dem „Kotten", hatten ein wenig eigenes Land, das sie bewirtschaften konnten, und vielleicht auch eine Kuh und ein Schwein, mussten aber im übrigen auf den Gütern größerer Bauern als Landarbeiter dienen. Vielfach dürfte es sich um die Familien zweiter oder dritter Söhne von Bauern gehandelt haben, die das Gut ihres Vaters nicht erben konnten, sondern entweder wegziehen oder in die untere Klasse absinken mussten, um sich und ihre Familie zu ernähren. Solche Kötter kennt man auch in anderen Gegenden Deutschlands, teilweise unter anderem Namen.

Niemand weiß, wie die Familien der „Meier zu…" im Ravensberger Land zu ihrem „Rang" und zu ihren Namen gekommen sind, denn ihre Güter scheinen sie schon zu Zeiten besessen zu haben, als es dort noch keinen Grafen oder Fürsten gab, der die Befugnis hatte. „Bürgerlichen" Adelstitel zu verleihen. Auch war das Ravensberger Land kein Gebiet größerer Neu-Besiedlung durch Auswanderer im Mittelalter, sondern seit den Zeiten des Volkes der Cherusker, das einst dort lebte, und noch weit vorher, stets relativ dicht besiedelt. Neue Dörfer dort zu gründen, war höchstens in Ausnahmefällen möglich.

Dies war anders in den Gebieten Deutschlands östlich der Elbe und der Saale, wo ab dem frühen Hochmittelalter, etwa ab dem 11. Jahrhundert n. Chr., zehntausende von Bauern aus den „Alt-siedel-Gebieten" der Niederlande, Flandern, Westfalen und Niedersachsen „nach Ostland" zogen und sich auf von den Slawen erobertem Land als Bauern niederließen und neue Dörfer gründeten, unter Anführung ihrer „Meier" oder „Schulzen" .

Welche Rolle mögen also die „Meier zu…" im Ravensberger Land lange v o r der im vorigen Absatz genannten Zeit gespielt haben ? Hier drängt sich dem, der schon einmal etwas von den Sarmaten und ihren Adligen gehört hat, die Vermutung auf, dass sich so die „Kasten" oder „Stände" der alten Sarmaten in anderer Form verewigt haben.

Ist es nicht gut vorstellbar, dass ein sarmatischer Adliger sich mit seinem Gefolge, seiner Schwurgemeinschaft aus der unteren Volksschicht, und seinem Weidevieh mehr oder weniger endgültig an einer Stelle der westfälischen Landschaft niedergelassen hat ? Platz dafür dürfte er schon gefunden haben, ohne einen einheimischen Bauern zu verdrängen, wenn man bedenkt, dass dieser Teil Europas vielleicht eine Bevölkerungs-„dichte" von höchstens 1 – 2 Einwohnern auf dem Quadratkilometer aufwies (heute im Durchschnitt über 250 !).

Dort konnte sich der neue „Gutsherr" allmählich auf den für diese Gegend viel praktischeren Ackerbau umstellen. Die Arbeit auf den Äckern konnten die Leute seiner Gefolgschaft gut erledigen, je weniger die allmählich kleiner werdenden Viehherden an Aufsichtspersonen benötigten.

Bald dürften sich die Einwanderer auch den Einheimischen angeglichen haben, in der Kleidung, in der Sprache und in der Art der Lebensführung. Das äußere Aussehen unterschied Sarmaten und Germanen oder Slawen wohl ohnehin nicht stark, ganz anders als die Hunnen, die offenbar durch ihre „mongolischen" Gesichtszüge auffielen.

Nur die Größe der von den Anführern bewirtschafteten Landgüter und das Bewusstsein ihres höheren Ranges in der Gesellschaft machten die einstigen sarmatischen Adligen zu Persönlichkeiten von besonderer Bedeutung. Und das alte sarmatische „Tabu" galt weiter, dass Angehörige der Adelsklasse keine Frauen aus der unteren Klasse heiraten durften.

Gerade im Ravensberger Land fällt es auf, dass es hier neben den wenigen besonders großen Bauerngütern – vielfach wohl dem einstigen oder noch heutigen Besitz der „Meier zu…" - und den vielen Köttern mit ihrem minimalen Landbesitz noch eine sehr große Zahl von Bauernhöfen in mittlerer Besitzgröße gibt.

Diese Gegend ist eine der wenigen in Deutschland, in der die sogenannte „Einzelhofbesiedlung" vorherrschend ist. Außer einigen verstreuten kleinen Landstädtchen kennt man dort praktisch keine Dörfer, wenn man darunter eng zusammen stehende Häuser versteht. Diese Kleinstädte sind wohl auch erst ab dem Hochmittelalter entstanden, als sich dort Handwerker, Kaufleute und andere „Dienstleister" ansiedelten.

Stattdessen haben die Bauern offenbar seit „Urzeiten" darauf geachtet, dass ihr Hof nicht zu dicht an dem des Nachbarn stand; ein Abstand von einem halben bis zu einem Kilometer ist das Normale. „Bauerschaft" ist der passendere Begriff für diese Ansammlung von Höfen als das Wort „Dorf". Er kommt in Westfalen auch häufig vor.

Dieser Ausdruck innerer Unabhängigkeit der Ravensberger Bauern muss ein sehr altes Erbe sein; er kann auch nicht von den Sarmaten eingeführt worden sein, als diese ins Land kamen, denn die Siedlungsformen der Bauern, mit denen sie nach ihrer Einwanderung zu tun bekamen, dürfte sie zunächst überhaupt nicht interessiert haben.

So ist vielleicht das Ravensberger Land eine Landschaft im Nordwesten Deutschlands, in der das allmähliche und sehr friedliche Zusammenwachsen von drei verschiedenen Bevölkerungsgruppen zu e i n e m „Volk der Sachsen" besonders klar zu spüren ist, wenn man die Anzeichen dafür zu deuten versteht. Genaueres dazu ist im Band **3** dieser Reihe, **„Widukinds Geheimnis"** nachzulesen, in dem die Entstehung der „Sachsen" als Volk des deutschen Früh- und Hochmittelalters näher beschrieben wird.

Hier dazu daher nur so viel: In der Zeit, als „die Sachsen" sich in einem jahrzehntelangen Abwehrkampf gegen die Eroberungskriege Karls des Großen befanden, am Ende des 8. Jahrhunderts n. Chr., boten sie sich den Außenstehenden als ein Volk in drei verschiedenen „Ständen" dar, dem Adel, den Freien und den „Liten".

Unter den letzteren verstand man einen besonderen Bevölkerungsstand zwischen Freien und den Sklaven (nach römischen Rechtsbegriffen). Übrigens kommt das deutsche Wort „Leute" (nur im Plural zu gebrauchen !) von diesem Begriff.

Diese Stände der Sachsen kämpften gemeinsam gegen den fränkischen König und regelten in Volksversammlungen („Thingen") Dinge, die sie alle gemeinsam angingen, durch eine gleiche Zahl von Vertretern aller drei Stände ! Aber bei Todesstrafe war die Heirat zwischen Menschen dieser verschiedenen Stände verboten. Diese Sachsen scheinen zu jener Zeit ein Volk gewesen zu sein, das in seiner inneren Ordnung einzigartig in ganz Europa gewesen sein muss.

Es ist eine kühne These, dass dieses „Volk der Sachsen" erst ab dem 6. Jahrhundert aus den Adligen der Sarmaten, den freien Bauern der „alten" (germanischen) Sachsen und den von diesen schon vor langer Zeit in Abhängigkeit gebrachten „Liten" sehr friedlich zusammen gewachsen ist. Schriftliche Belege dazu kann man nicht erwarten, aber dennoch gibt es zahlreiche beeindruckende Indizien dazu. Im Band 3 dieser Reihe sind sie, wie erwähnt, ausführlich dargestellt.

Zu den „Liten" der „freien Sachsen", dem „dritten Stand", traten wahrscheinlich die einst mit den Sarmaten gekommenen Angehörigen der unteren „Kaste" dieses Volkes; die ja ursprünglich wohl aus recht verschiedenen Völkern kamen.

Noch eine Besonderheit kennt man in diesem Ravensberger Land. Unter den Familien der „Meier zu..." – insgesamt nur noch zwei oder drei Dutzend – ragen ganz wenige als besonders „edel" hervor. Das sind die sogenannten „Sattelmeier", vielleicht nur noch eine Handvoll Familien. Selbst im 20. Jahrhundert wusste man in diesen Familien und auch bei den Bauern der weiten Umgebung von diesem höheren Rang.

Diese „Adelsstufe" war natürlich völlig „inoffiziell", niemand in diesen Familien konnte ein Papier oder Pergament vorweisen, das ihnen einen besonderen Vorzug zusprach. Ihre Mitglieder verhielten sich wie völlig „normale" wohlhabende Bauern, nicht wie „Aristokraten". Dennoch war die den Oberhäuptern dieser Familien gezeigte Achtung etwas ganz Selbstverständliches für alle Menschen, die mit ihnen in Kontakt kamen.

Mit den späteren „echten" Adligen im Ravensberger Land, den Grafen von Kerssenbrock oder Korff-Schmising, die ab der frühen Neuzeit ihre Wasserburgen im Land errichteten, darf man sie nicht verwechseln. Diese Adligen, die ihren Rang von einem spätmittelalterlichen Fürsten, Herzog oder Bischof erhalten hatten, waren offenbar von völlig anderer Herkunft als die „Sattelmeier". Und vermutlich waren die Familien der Sattelmeier sich ihrer viel älteren Würde sehr wohl bewusst, ohne je damit zu prunken.

Die Bedeutung des merkwürdigen Namens für diese Familien mit „inoffiziellem Hoch-Adel" offenbarte sich erst, wenn ein Oberhaupt einer dieser wenigen Familien starb. Dann führte man nämlich ein gesatteltes Reitpferd dem Sarg auf dem Weg zum Friedhof nach. An diesem Sattel war ein Paar gut geputzter Reitstiefel festgebunden, mit den Füßen in den Steigbügeln.

War diese einzigartige Form eines Leichenbegängnisses ein ins christliche Zeitalter hinüber geretteter Rest des alten sarmatischen Brauchs, den verstorbenen Oberhäuptern einer „Fürsten"-familie ein oder gar zwei Pferde zu opfern?

Noch eine höchst auffällige Merkwürdigkeit gibt es zu diesem seltsamen Brauch der ravensbergischen „Sattelmeier". Auch beim Begräbnis eines Präsidenten der USA noch im 20. Jahrhundert wurde genau diese Zeremonie beachtet, wie man bei einem Fernsehbericht anlässlich der Beisetzung des Präsidenten Kennedy 1963 beobachten konnte. Wie mag diese außergewöhnliche Gepflogenheit dorthin gekommen sein?

Den Weg des „Leibpferdes" eines verstorbenen Oberhaupts einer ravensbergischen „Sattelmeier"-Familie mit seinen Stiefeln am Sattel vom Erbhof zum Friedhof konnte der Autor dieses Buches als junger Lokalreporter einer Bielefelder Zeitung selbst beobachten. Aus dieser Zeit stammen auch seine besonderen Kenntnisse über die Besonderheiten des Ravensberger Landes.

10. Das Nonnenkloster Enger und Herzog Widukind

Im Jahr 947 n. Chr. vermachte der ostfränkische König Otto I. in einer Urkunde dem Nonnenkloster Enger einige Dörfer in der Gegend zwischen Bremen und Oldenburg [18]. So etwas war zu seinen Zeiten völlig normal und diente dazu, den überall entstehenden christlichen Klöstern den notwendigen Unterhalt zu verschaffen. Das bedeutete, dass die Bauern in den betreffenden Dörfern nunmehr ihre Abgaben in Naturalien an das beschenkte Kloster zu liefern hatten.

Etwas Besonderes war diese Landschenkung des Königs Otto aber schon. Dieser König war der Enkel des Sachsenherzogs Otto („des Erlauchten") und Sohn des ersten Königs Heinrich aus dieser Dynastie, dem später so genannten „Haus der Sachsen-Kaiser". Die dem Kloster vermachten Dörfer stammten aus dem Erbe seiner Mutter, und diese war eine Ur-Urenkelin des immer noch berühmten Sachsenherzogs Widukind.

Auch Otto stammte ja von Sachsen-Herzögen ab, aber diese kamen aus einer anderen Familien-Linie als Widukind, seine Vorfahren waren Herzöge der Sachsen in „Ost-Falen" gewesen, der berühmte Gegner Karls des Großen war der Anführer in „West-Falen" (hier Genaueres im Band 3 dieser Reihe: **„Widukinds Geheimnis"**). Aber in Ottos Mutter waren nun die beiden Adelsfamilien wenigstens erbrechtlich zusammengeführt worden.

Wenn sich heutige Historiker über diese Landschenkung Gedanken machen würden – was offenbar noch nie geschehen ist ! – dann würde ihnen vielleicht auffallen, dass die Entfernung zwischen den verschenkten Dörfern und dem damit bedachten Klos-

---

[18]   D. Niemöller, Enger – die Wittekindstadt in Sage und Geschichte; Bielefeld 1927, S. 37 f.

ter erheblich groß war – in Luftlinie gut 100 Kilometer - , was die Ablieferung von Naturalien ziemlich erschwerte. Selbst zu Ottos Lebzeiten gab es schon etliche andere Klöster, die den verschenkten Dörfern viel näher lagen.

Denn das Kloster, das diese Schenkung erhielt, lag in der Landschaft, die im vorhergehenden Kapitel eine so große Rolle spielte, dem Ravensberger Land. Das Kleinstädtchen Enger liegt nordwestlich von Herford. Vermutlich hat sich die Ansammlung von Häusern von Handwerkern und Kaufleuten um das Kloster gebildet, das zuerst da war. Aber noch früher könnte eine kleine Kirche oder Kapelle dort gestanden haben. Und diese Kirche, deren genaues Alter man nicht kennt, dürfte der Anlass zur Gründung des Klosters und zur Landschenkung Ottos gewesen sein. Sie ist nämlich wahrscheinlich die letzte Ruhestätte Widukinds.

Historiker „vom Fach" glauben das nicht, weil es keine Urkunde gibt, die das bezeugt. Doch die Heimatforscher in und um Enger sind sich sicher, denn sie kennen eine alte Sage, die genau das berichtet. Man hat sogar in der Kirche von Enger vor einigen Jahrzehnten archäologische Ausgrabungen vorgenommen und dabei die sterblichen Überreste eines Mannes gefunden, den man nach seiner Größe für Widukind hielt.

Dieses Buch hat nicht die Aufgabe, das Leben und die Kämpfe Widukinds näher zu schildern, nicht einmal der Band 3 „Widukinds Geheimnis" soll das tun. Dennoch muss man ein paar Daten aus dem Leben dieses Sachsen-Führers kennen, um die Zusammenhänge zu verstehen.

Der Sachsen-Herzog dürfte etwa im Jahr 750 geboren sein; bis zum Jahr 785 führte er die Krieger seines Volkes in zahlreichen Kämpfen gegen die Franken und ihren König Karl an. In diesem letzteren Jahr ergab er sich seinem Gegner, weil er einsah, dass weiterer Widerstand seinem Volk der Sachsen nur immer neuen unendlich großen Schaden zufügen würde. Wie fränkische Quellen berichten, wurde Widukind zu Weihnachten dieses Jahres in

Attigny im heutigen Frankreich getauft. Damit verschwand er aus der Geschichte, wenn man schriftlich überlieferte Dokumente darunter versteht.

König Karl (der Große) hatte seinem Gegner nach der freiwilligen Aufgabe des Widerstands und dem Übertritt zum Christentum zwar das Leben geschenkt, aber sein weiteres Schicksal dürfte die lebenslange „Haft" in einem Kloster gewesen sein, wie das zu dieser Zeit für politische Gegner der siegreichen Herren die Regel war.

Ein wichtiges Kloster der späten Zeit Karls des Großen gab es auf der Insel Reichenau im Bodensee. Die Wahrscheinlichkeit ist groß, dass man Widukind dorthin brachte, weit genug weg vom Sachsenland und unter strenger Aufsicht des dortigen Abtes. Irgendwann ist er in diesem Kloster gestorben; man kann nur raten, dass dieses Ereignis in den Jahren um 825 eintrat [19].

In diesen gut 40 Jahren war das Sachsenland „christianisiert" worden, das heißt, die meisten Sachsen hatten die christliche Taufe empfangen, und jede Andeutung einer Abweichung von den Lehren der neuen Religion galt als Hochverrat und konnte mit dem Tode bestraft werden. Verwandte Widukinds in seiner Heimat taten sich als besonders eifrige Christen hervor und verbreiteten Gerüchte, wonach der getaufte Herzog nun alle möglichen Wunder als christlicher Mönch vollbracht habe.

Sicherlich hat die Nachricht von seinem Tod als Mönch nach vierzigjähriger „Klosterhaft" auf der Reichenau sehr schnell auch die Verwandtschaft in Norddeutschland erreicht. Es lässt sich vorstellen, dass die Familie eine Reisegruppe nach Süden schickte, um den „wundertätigen" Verstorbenen nach Hause zu holen.

---

[19] Der Historiker Gerd Althoff hat dies nach Auswertung der Namenslisten dieses Klosters wahrscheinlich gemacht: „Der Sachsenherzog Widukind als Mönch auf der Reichenau; ein Beitrag zum Widukind-Mythos"; in: K. Hauck Hrsg.), Frühmittelalterliche Studien, Band 17, Berlin-New York 1983

In Enger in Westfalen wurde ihn dann in einer schnell gebauten kleinen Kirche die letzte Ruhestätte bereitet, dem christlichen „Quasi-Heiligen" aus einer uralten Adelsfamilie. Er konnte so zu einem wichtigen Garanten der neuen Religion in seinem Heimatland werden.

Vermutlich hing die Gründung eines Nonnen-Klosters neben der Kirche in Enger mit dem Andenken an den Toten zusammen. Die Nonnen sollten durch Gebet ständig die Erinnerung an den berühmten einstigen Herrscher (und nunmehrigen christlichen „Wundertäter") aufrechterhalten. Es gibt keine Dokumente, wann dieses Kloster eingerichtet wurde; jedenfalls geschah das schon ungewöhnlich früh.

Nach den schriftlich überlieferten Quellen über die Kämpfe zwischen Sachsen und Franken in den Jahren vor 785 haben sie sich nicht im Ravensberger Land abgespielt, sondern erheblich weiter östlich. Doch hartnäckig hat sich in der Umgebung des späteren Klosters und Städtchens Enger eine Volkssage gehalten, wonach dem Sachsenherzog Widukind dort ein Landgut gehört haben soll, das er auf seinen vielen Ritten kreuz und quer durchs Land immer wieder aufgesucht habe. Es sei sein Lieblingsgut gewesen. Es lag weit von der Heimat seiner Vorfahren entfernt, die in der Gegend um das heutige Städtchen Wildeshausen im östlichen Teil Oldenburgs zu suchen sind, nicht weit von Bremen entfernt. Aber es scheint so, dass man ihm nicht dort, sondern am Ort seines Lieblingsaufenthalts die letzte Ruhestätte bereitete.

Vielleicht lag es daran, dass dort auf seinem Lieblingshof noch Kinder oder Enkel von ihm lebten. D a s s Widukind Nachkommen hatte, steht fest, doch angesichts der Zeitumstände kann man natürlich keine ganz sichere Genealogie erstellen.

Bisher ist in diesem Kapitel noch mit keinem Wort etwas dazu gesagt werden, wie der Herzog Widukind mit den S a r m a t e n zusammen hing, dem Thema dieses Buches. Doch das wird klarer, wenn man weiß, dass das kleine Dorf Drantum, das neben einigen anderen Dörfern dem Kloster Enger vermacht worden war, mehrere Jahrhunderte lang die „Grablege" und zugleich die „Pferde-Opferstätte" der Vorfahren Widukinds gewesen war.

In dem Ortsteil „Drantumer Mühle" der Gemeinde Emstek im heutigen niedersächsischen Landkreis Cloppenburg wurden im Jahr 1961 in einer archäologischen „Notgrabung" (im Zuge eines Autobahn-Neubaus) diese vermutliche „Grablege" erforscht. Der Ort liegt knapp 16 Kilometer vom Städtchen Wildeshausen entfernt, das allgemein als die Heimat der „Widukinde" gilt.

Hier wurden damals 511 Körpergräber und 24 Pferdegräber sowie zahlreiche Brandgruben entdeckt. Der Friedhof zeigt somit die typische Mischung für die letzten Ruhestätten adliger Sarmaten (siehe oben S. 12 und 38).

Auffällig ist die große Anzahl von Körpergräbern für verstorbene Angehörige der Familie. Nach dem vermuteten Glauben der Sarmaten hatten ja nur männliche Angehörige des Adels von sich aus die nötige Reinheit, so dass sie nach ihrem Tod nicht durch das „reinigende Feuer" gehen mussten. Und nur verstorbene Familien o b e r h ä u p t e r erhielten ein Pferdeopfer.

Das lässt darauf schließen, dass der Friedhof vielleicht die gemeinsame letzte Ruhestätte für mehrere eng verwandte Adelsfamilien war, die über das Land verteilt im größeren Umkreis auf ihren „Gütern" lebten. Denn selbst wenn man eine Nutzung dieses Friedhofs über mehrere Jahrhunderte unterstellt (siehe dazu gleich), wären von e i n e r Familie allein nicht so viele Generationen beigesetzter Toter (und entsprechend viele Oberhäupter mit je einem oder zwei geopferten Pferden) zu erwarten. Die Familie, aus der der Herzog Widukind stammte, hat aber mit Sicherheit zu den Nutzern dieses Friedhofs gehört.

Die Pferdegräber bei der „Drantumer Mühle" wurden in einer Dissertation einer Tierärztin genauer untersucht [20]; es ist diese Arbeit, die bisher am genauesten die Pferdegräber und die Art ihrer Anlage beobachtet hat, denn die Verfasserin hat darin auch einen großen Teil der zwar bekannten, aber nie näher betrachteten übrigen Pferdegräber in Deutschland mit einbezogen.

Fast sensationell ist die Feststellung dieser Untersuchung, für die u. a. die Knochen der Pferde einer Altersermittlung mit der C-14-Methode unterzogen wurden. An der Drantumer Mühle wurden Pferde zwischen dem Jahr 710 und dem Jahr 885 nach altem Sarmatenbrauch geopfert und beigesetzt. Dabei setzte die Christianisierung dieses Gebiets zwischen 777 und 786 ein, ablesbar an der Änderung der Richtung der Körperbestattungen von Menschen, vorher vorwiegend Süd-Nord, danach West-Ost. Menschliche Bestattungen erfolgten auf diesem Friedhof etwa von 650 bis 850 n. Chr.

Von den Pferden auf dieser Begräbnisstätte wurden 18 einzeln beigesetzt, sechs in drei Doppelgräbern. Die geopferten Pferde waren nach der Feststellung der zitierten Dissertation fast immer Hengste, gelegentlich Wallache.

Für die Familie, aus der Herzog Widukind stammte, lassen sich noch verschiedene andere Indizien außer den Pferdegräbern für ihre Herkunft aus einst eingewanderten Sarmaten anführen. Sie sind in **Band 3, Widukinds Geheimnis**, genauer beschrieben.

Erst die Kenntnis all der in diesem Kapitel angeführten Hinweise macht es klar, warum wohl der berühmte Sachsenherzog Widukind seine letzte Ruhestätte im Ravensberger Land und nicht bei seiner Geburtsstätte Wildeshausen gefunden hat. Und zugleich wird klarer, warum König Otto aus dem sächsischen

---

[20]   Verena Freiin von Babo, Pferdebestattungen auf dem frühmittelalterlichen Gräberfeld Drantumer Mühle, Diss. Hannover 2004

Herzogshaus ein Jahrhundert später dem Kloster bei dieser Grabeskirche die „Weihestätte" der Vorfahren seiner Frau geschenkt haben mochte. Es lag wohl im christlichen Glauben jener Zeit, dass das inbrünstige Gebet der frommen Nonnen auch bewirken konnte, die an sich noch „heidnischen" Vorfahren, die dort beigesetzt waren, noch nachträglich zu guten Christen zu machen.

11. Der Graf von Calvelage und sein Sparren wappen

Die merkwürdig enge Verbindung des Ravensberger Landes in Westfalen mit der Gegend zwischen Oldenburg und Bremen, der Heimat Widukinds, ist schon in den beiden vorangehenden Kapiteln dieses Buches behandelt worden. In diesem Kapitel muss noch ein weiterer Bezug, und zwar gewissermaßen ein „offizieller", zur Sprache kommen.

Die Zeit, um die es dabei geht, ist nun schon das frühe Hochmittelalter. Allenthalben mühten sich damals Grafen oder andere Edelherren, die ihnen unterstehenden Dörfer und Güter zu einem „reichsunmittelbaren" Ländchen zu machen und ihren Besitz auszuweiten, durch geeignete Heiraten, Kauf oder auch durch Fehden mit einem Nachbarn.

Um das Jahr 1080 erwarb ein Graf von Calvelage einige Dutzend Quadratkilometer Land südlich des Teutoburger Waldes zwischen den späteren Kleinstädten Halle und Borgholzhausen, offenbar durch Kauf. Wer der Verkäufer war, bleibt in dem Pergament, das (etliche Zeit später) darüber unterrichtet, unklar. Auf einem den Bergzügen des Teutoburger Waldes nach Süden zu vorgelagerten Berg ließ der Käufer nach dem Brauch der Zeit eine Burg aus Stein errichten, die Ravensburg. Sie liegt in der

Nähe des späteren Kleinstädtchens Borgholzhausen und gab bald dem ganzen Ländchen seinen Namen.

Etwa 60 Jahre später verlagerte der damalige Graf von Calvelage, mit Namen Otto (I.) seinen „Regierungssitz" vom Norden auf diese Ravensburg und nannte sich fortan „Graf von Ravensberg". Vermutlich hatten er oder seine Vorgänger inzwischen bereits die zunächst noch sehr kleine Grafschaft durch Käufe oder andere Erwerbsmöglichkeiten vergrößert. Sie war noch nicht sehr groß, aber sie hatte durch ihre Lage manche Vorteile.

Ihr Gebiet lag ziemlich zentral zwischen den Bistümern Minden, Münster, Osnabrück und Paderborn, deren Bischöfe zu dieser Zeit schon recht beachtliche Gebiete als Landesfürsten beherrschten, sowie der Grafschaft Lippe, damals schon ein sehr wichtiges Territorium in Nordwestdeutschland.

Je nach der politischen Lage konnte sich der Ravensberger Graf mal zur einen, mal zur anderen Seite in den damals üblichen machtpolitischen Kontroversen dieser Bischöfe halten und damit einerseits seine Unabhängigkeit erhalten, aber andererseits auch eine Vergrößerung seines Territoriums erreichen. Im frühen 13 Jahrhundert gehörte der Graf von Calvelage-Ravensburg bereits zu den mächtigsten Territorialherren in Nordwestdeutschland.

Die weitere Entwicklung der Grafschaft Ravensberg kann hier nur ganz kurz skizziert werden, damit der Leser den Anschluss an die spätere Geschichte Deutschlands finden kann. Im Jahr 1226 wurde das Gebiet der Grafschaft zwischen zwei Brüdern geteilt: der eine erhielt die alten Besitzungen in Norddeutschland, sowie das Land um Vlotho an der Weser, der andere die im Süden am Teutoburger Wald. Um 1250 wurde in der damals bereits entstehenden Stadt Bielefeld die Sparrenburg gebaut, die bald zum Sitz der Grafen wurde. 1346 starb das Grafenhaus aus und wurde beerbt von den Herzögen von Jülich, später von denen von Berg und noch später von den Kurfürsten von Brandenburg. Seit 1614 gehörte das Gebiet zum Besitz der Hohenzollern aus der Mark Brandenburg und später Preußen.

Doch was hat dieser Ausflug in die hochmittelalterliche Geschichte mit dem Thema dieses Buches zu tun, der Einwanderung von Sarmaten nach Westfalen?

Das liegt an der Herkunft der Erwerber dieses Landstrichs, der Grafen von Calvelage. Denn das heute winzige Dörfchen dieses Namens im heutigen Landkreis Cloppenburg liegt nur 6 Kilometer von der im vorigen Kapitel beschriebenen „Drantumer Mühle" entfernt, dem Begräbnisplatz für hunderte von sarmatischen Adligen über mehrere Jahrhunderte. Dort auf diesem Friedhof m ü s s e n auch die Vorfahren des Grafen von Calvelage beigesetzt worden sein, der das Land um die Ravensburg am Teutoburger Wald erwarb.

Es lässt sich nach historischen Gesichtspunkten nicht klären, ob diese Grafen direkte Abkömmlinge der „Widukinde" waren; der Sippe, der der berühmte Herzog entstammte. Vielleicht waren es auch nur entfernte Verwandte. Aber alles deutet darauf hin, dass auch die Grafen von Calvelage im Ravensberger Land sarmatische Ahnen hatten. Schriftliche Quellen dazu gibt es allerdings natürlich nicht.

Diese Adligen müssen sich in den Jahrhunderten zwischen Karls dem Großen und der Zeit des Stauferkaisers Friedrich „Barbarossa" ihren Aufstieg in das obere Drittel der „Lehnspyramide" erkämpft haben, die sich ab dem frühen Hochmittelalter in Deutschland (und auch in anderen europäischen Staaten) entwickelte.

Unterhalb des Kaisers des „heiligen Römischen Reiches", der zugleich König des „ostfränkischen Reiches" war, der die Spitze bildete, standen die Herzöge und die Erzbischöfe der katholischen Kirche, die ebenfalls mächtige Landesherren waren. Eine Stufe darunter fanden sich die Grafen und andere „souveräne" Landesherren, die einem Herzog oder Bischof ihren Lehnseid geleistet hatten, darunter andere Adlige, und unter denen dann die Masse der abhängigen Bauern in ihren Dörfern, die wiederum den Rittern zu Gefolgschaft und Dienstleistung verpflichtet waren. Die ständische Ordnung des ausgebildeten Lehnswesen beherrschte das ganze Hochmittelalter, ja noch die frühe Neuzeit in Mitteleuropa. Sehr wahrscheinlich war sie wenigstens zum Teil ein Erbe der Bräuche im Volk der Sarmaten, aber das kann hier nicht näher untersucht werden.

Vielleicht hatte der Erwerb des Territoriums um die spätere Ravensburg am Teutoburger Wald durch die Grafen von Calvelage doch etwas zu tun mit der letzten Ruhestätte des Herzogs Widukind in Enger. Warum suchten die Grafen aus dem Oldenburger Land ein neues Gebiet gerade in deren Nähe ? Denn dieser Ort Enger wurde sehr schnell in das Territorium der Grafschaft Ravensberg einbezogen. Von den sonstigen engen Verbindungen gerade zwischen dem Ravensberger Land und dem Gebiet des späteren „Volks der Sachsen" im nordwestdeutschen Tiefland war ja schon in den vorigen Kapiteln dieses Buches die Rede.

Von Bedeutung scheint das W a p p e n der Grafen von Calvelage zu sein, das sie offenbar aus der Heimat nahe der unteren Weser nach Westfalen mitbrachten. Die Grafschaft Ravensburg erhielt ein Wappen, das in der Sprache der Heraldiker so beschrieben wird: in Weiß drei rote übereinander stehende Sparren. Ein Wappen der offenbar nur kurzlebigen Grafschaft Calvelage kennt man nicht.

Das deutsche Wort „Sparren" wird von den Wörterbüchern als „schräger Dachbalken" umschrieben, mit deren Hilfe auf Holzhäusern das Dach errichtet wurde. In der Natur kommt eine Form wie der Sparren nicht vor. Hatte der heraldische Sparren sein Vorbild im Hausbau ? Jedenfalls ist es schon auffallend, dass die Grafen von Calvelage nicht die üblichen Löwen oder Adler in verschiedenen Formen und Farben als Wappenbild benutzten, sondern diese Figur.

Könnte es sein, dass die sarmatischen Adligen, die von dem Dörfchen im Oldenburger Land aus eine zeitweise mächtige Grafschaft zusammenheirateten oder sonst (offenbar meist friedlich) erwarben, dieses Wappenzeichen aus der Tradition ihres Volkes mitbrachten ?

Die hier wiedergegebenen Vermutungen sind vielleicht noch mehr als viele andere in diesem Buch unbewiesene (und unbeweisbare) Spekulation, aber sind nicht auch sie durchaus plausibel ?

Im Kapitel 6 dieses Buchteils über die Heraldik wurde die Herkunft der „geschachten" rot-weißen Wappen von den Mänteln sarmatischer Adliger aus dem Stamm der Jazygen dargestellt. Könnten auch die roten Sparren (auf weißem Grund) daher stammen ? Rot und weiß müssen gewissermaßen die „Leitfarben" dieses Stammes gewesen sein.

Könnte es innerhalb dieses Stammes Familien gegeben haben, die als noch „höherrangige" Adlige ein anderes Zeichen auf ihren Mänteln trugen ? Gemeint ist das Zeichen der Sparren, und zwar von drei solcher Symbole übereinander. Man behaupte nicht, zu solchen Bilddarstellungen seien die Weberinnen der Sarmaten damals nicht in der Lage gewesen. So primitiv war die Webtechnik selbst bei diesem „barbarischen" Volk damals gewiss nicht mehr.

Da die geometrische Form des Sparrens damals nur beim Hausbau zu beobachten war, bietet sich als Erklärung an, dass sie einem „Hausvorstand" zustand. D r e i Sparren übereinander wären dann das logische Symbol für das Oberhaupt eines Dorfes.

Hier muss daran erinnert werden, dass die Sarmaten ja eine Sprache aus der großen Familie des Indoeuropäischen benutzten. Die Sprachwissenschaft ist sich einig, dass bereits Menschen, die eine „Ur-Form" dieser Sprache benutzten, tausende von Jahren v o r dem Erscheinen von Sparren auf Adelswappen im Ravensberger Land, Holzhäuser mit aufgerichteten Dächern, Dörfer aus solchen Häusern und Häuptlinge solcher Dörfer kannten. Man hat das mit der so genannten „linguistisch-kulturhistorischen Methode" erschlossen, indem man Worte mit ähnlichem Klang und ähnlicher Bedeutung aus möglichst vielen alten Sprachen dieser Familie verglich [21].

In der vermuteten „Ur-Heimat" der Sarmaten irgendwo im Steppengürtel Südrusslands oder Kasachstans muss es in der Frühzeit auch dieses Volkes Dörfer mit Holzhäusern gegeben haben, in denen die Menschen lebten, als sie ansässige Ackerbauer und Kleinviehzüchter geworden waren. Aus dieser Zeit könnte – oder müsste ? – der hervorgehobene Rang eines „Dorfoberen" stammen, der sich im „Mantel mit drei Sparren" den eigenen oder fremden Kriegern kundtat.

Doch irgendwann hatten die Vorfahren der Sarmaten diese sesshafte Lebensweise aufgegeben, sie hatten gelernt, ihre Pferde als Reittiere zu nutzen, hatten große Herden von Rindern, Schafen und Pferden angesammelt und ein Leben als Wanderhirten begonnen (siehe dazu oben S. 7). Seit dieser Zeit konnte es bei den Sarmaten keine „Dörfer" mehr gegeben haben, wenigstens keine mit festen Häusern, in denen Dachsparren eingebaut waren.

Wenn Historiker diese Erklärung lesen und bereit sind, sie zu akzeptieren, werden sie aber sofort einwenden: Diese Umstellung einiger indoeuropäischer Völker auf die Lebensweise als Reiter und Wanderhirten geschah knapp 1000 Jahre v o r der Zeitenwende. Wenn man bis zum Jahr 1100 n a c h Christi Geburt weiter rechnet, als das Sparrenwappen der Grafen von Calvelage-Ravensberg erstmals in der Geschichte sichtbar wurde, sind das über zwei Jahrtausende, die ein solches „Adelszeichen" durch mehr als hundert Generationen in der ausschließlich mündlich überlieferten Tradition eines Volkes hätte überdauern müssen.

---

[21]   Siehe hierzu Genaueres im Buch des Autors „Die Indoeuropäer", Beltheim-Schnellbach 2012, S. 49 - 53

Das aber ist nach Überzeugung der meisten Historiker ausgeschlossen. Denn sie als Kinder des „schriftlichen Zeitalters" können sich nicht vorstellen, dass Menschen wichtige Dinge ausschließlich mündlich, ohne Hilfe der Schrift, an ihre Nachkommen weitergeben konnten, wenigstens nicht für mehr als zwei oder drei Generationen. Die moderne „Oralitäts-Forschung", die Beschäftigung mit der Weitergabe menschlichen Wissens in den Zehntausenden von Jahren o h n e Schrift, hat längst viele Beispiele erbracht, wonach wichtige Ereignisse oder wichtige Bräuche über hunderte von Generationen tradiert werden konnten, ohne das Medium der Schrift. Diese Oralitätsforschung ist bezeichnenderweise vorzugsweise in England und USA anzutreffen, weshalb sie im Fachjargon „oral history" oder „oral poetry" heißt. An deutschen Universitäten fristet diese „Oralitätsforschung" nur ein bescheidenes Nischendasein.

Im konkreten Fall mag tatsächlich bald von den Trägern der „Drei-Sparren-Mäntel" die Herkunft des Zeichens von Häusern und Dörfern vergessen worden sein, nicht aber die Bedeutung als Zeichen für einen hohen Adelsrang. So konnten sich im hohen Mittelalter die drei roten Sparren auf weißem Feld ihren Platz auf den Wappen der Ravensberger Grafen sichern.

Allerdings war Voraussetzung für die durchgehende Erinnerung an die Bedeutung dieses Zeichens, dass die Familien, die es benutzen durften, sich im M a n n e s s t a m m so lange halten konnten. Das war über diesen langen Zeitraum keineswegs selbstverständlich. W e n n das Zeichen der drei Sparren tatsächlich eine Auszeichnung für einstige „Dorfhäuptlinge" war, wie vermutet, dann müsste es davon im sarmatischen Volk oder Stamm der Jazygen ursprünglich etliche, ja viele davon gegeben haben.

Doch wenn, wie es scheint, bis etwa zum Jahr 1200 nur noch e i n e Adelsfamilie das Anrecht auf dieses sichtbare Zeichen ihres hohen Ranges hatte, dann lässt das umgekehrt auf ein starkes Schwinden solcher Familien in rein m ä n n l i c h e r Linie schließen. Das sarmatische Blut starb damit nicht aus, wohl aber die Familientraditionen in diesem stark von patriarchalischen Vorstellungen geprägten Volk.

Dieses Wappen der drei Sparren hatte übrigens noch einen weiteren „Ausläufer" innerhalb Deutschlands. Ein Spross aus der Familie der Ravensberger Grafen muss am Ende des 12. Jahrhunderts (zwischen 1183 und 1190 – genauer können Genealogen es nicht angeben) mit der Reichsburg Eppstein im Taunus belehnt worden sein, die es jedoch schon vorher gab. Nachkommen dieses kaiserlichen Lehnsmannes nannten sich dann Grafen von Eppstein. Sie führten das gleiche Wappen wie die Ravensberger Grafen, und das war ein sicheres Zeichen, dass sie aus deren Familie stammten. Denn die heraldischen Regeln hätten die willkürliche Nutzung eines fremden Wappens nicht erlaubt,

Das Haus der Grafen von Eppstein erlosch im Jahr im Jahr 1581 und hatte bis dahin dem Erzbistum und zugleich Kurfürstentum Mainz vier wichtige Oberhirten gestellt.

12.   Die Pferde der Sarmaten

Wo bleiben die Pferde, die schließlich diesem Band über einen wichtigen Teil der einst nach Deutschland eingewanderten Sarmaten seinen Titel gegeben haben ?

Dass die zu Westfalen gewordenen Sarmaten ihre Pferde sehr hoch schätzten, ist ja schon an verschiedenen Stellen dieses Buches deutlich geworden. Die Pferdegräber an etlichen Stellen der Region sind dafür bezeichnend.

Es ist zu vermuten, dass die Herden von Rindern und Schafen, mit denen die Sarmaten ihren weiten Weg von der ungarischen Puszta bis Westfalen zurücklegten, jeweils von einer weiteren großen Herde begleitet wurde, und zwar von Pferden. Diese waren ausschließlich zum Reiten gedacht und wohl auch gezüchtet, nicht zum Ziehen von Wagen oder gar Pflügen. Die berittenen Hirten der Viehherden konnten sich jeden Tag mit ihren Lassos ein frisches Reittier aus der großen „Tropa" herausfangen; so nannten die amerikanischen Cowboys die Pferdeherden, die i h r e Wanderungen mit den Rindern begleiteten.

Auch die Germanen, zu denen die Sarmaten in Westfalen kamen, kannten selbstverständlich Pferde. Doch nur wenige Bauern konnten sich diese Tiere leisten, die dann – neben den geduldigen Ochsen – gelegentlich zum Ziehen von Wagen und Pflügen verwendet wurden. Nur sehr reiche Häuptlinge hatten Pferde zum Reiten zur Verfügung. Auch dürfte sich die Rasse dieser „germanischen" Pferde erheblich von der der Sarmaten unterschieden haben.

Wie die Pferde der Sarmaten aussahen, kann man – wenigstens bis zu einem gewissen Grad – heute noch sehen, und zwar an den berühmten „Wildpferden von Dülmen". In einem größeren Wald- und Heide-Gelände westlich von Münster, dem sogenannten „Merfelder Bruch", hat sich seit – ja seit wann ? – eine eindrucksvolle Herde wilder Pferde gehalten.

Doch bevor noch einmal auf diese „Dülmener Pferde" eingegangen wird, muss die Darstellung auf die Tage der ersten Einwanderung von Sarmaten nach Westfalen zurückkommen. Bekanntlich weisen ja verschiedene Indizien darauf hin, dass diese Wanderung zuletzt auf der uralten Handelsstraße erfolgte, die seit der Steinzeit von Kaufleuten und anderen Wanderern benutzt worden war. Sie führte quer durch Europa, von Südfrankreich bis zur Ostsee (oder umgekehrt). Von der Höhe des Egge-Gebirges stieg diese Straße hinab in die damals wie heute ziemlich menschenleere Ebene der Senne, zwischen den eindrucksvollen Sandstein-Türmen der Externsteine hindurch.

Viel spricht dafür, dass sich auf diesem Weg hinab ins eigentliche Westfalen eine größere Pferdeherde der Sarmaten der Aufsicht ihrer Hirten entzogen hat. In dem unübersichtlichen Wald- und Heide-Gelände der östlichen Senne, etwa 10 – 20 Kilometer nördlich der Externsteine, fanden diese Pferde eine ideale Zuflucht, wo sie wieder „wild" leben und sich vermehren konnten.

Genau so muss es vor sich gegangen sein, als nach der Entdeckung Amerikas durch Kolumbus und der Eroberung Mexikos durch den Spanier Cortez einige der von diesem mitgebrachten Pferde entweichen konnten. Im Lauf von wenigen Generationen hatten sich diese Mustangs im Südwesten der heutigen USA zu riesigen Herden vermehrt und waren wieder zu echten Wildpferden geworden. Es gibt sie heute noch, wenn auch nicht mehr zu Zehntausenden, inzwischen allerdings auch durch gesetzgeberische Maßnahmen der Menschen geschützt.

Heute dürfte es nur sehr wenigen Fachleuten bewusst sein, dass es auch im einstigen Fürstentum Lippe eine Wildpferd-Herde gegeben hat. Das waren die „Senner Pferde", die in einer Wildbahn am südöstlichen Abhang des Teutoburger Waldes zur Senne hin lebten. Sie werden von Wikipedia als „eine der ältesten Pferderassen Deutschlands" bezeichnet. Bereits aus dem Jahr 1160 gibt es eine schriftliche Erwähnung dieser Herde.

Wo mögen sie her gekommen sein, die Vorfahren dieser Pferde? Sicherlich waren sie schon lange, lange vor der ersten schriftlichen Erwähnung dort, wo ihre Nachkommen heute noch ohne Stall und mit nur minimaler Fürsorge durch Menschen munter im lichten Wald und der heideartigen Senne grasen.

Aus den kunstvollen Malereien in den Steinzeit-Höhlen Nordspaniens und Südfrankreichs und aus zahlreichen anderen Indizien weiß man, dass während des Höhepunkts der letzten Eiszeit in Europa riesige Herden von Wildpferden die grasreichen Ebenen vor den Eisgletschern (über Skandinavien und Norddeutschland) durchzogen, zusammen mit Rentieren und Mammuts.

78

Doch ist es sehr unwahrscheinlich, dass die „Senner Herde" ein letzter Überrest dieser Eiszeit-Pferde ist. Dafür sind seit damals doch zu viele Jahrtausende vergangen, und auch der Klimawandel – es gab ihn einst genau wie heute ! – hat die Landschaft mehrfach erheblich umgestaltet.

Die plausibelste Erklärung für die Herkunft der „Senner Pferde" ist daher, dass sie von den nach Westfalen einwandernden Sarmaten vor etwa anderthalb Jahrtausenden mitgebracht worden waren. Deren Pferde stammten ursprünglich aus Innerasien und hatten sich wohl längst nicht so sehr durch gezielte Zucht verändert wie Pferderassen in anderen Gegenden Eurasiens.

Ein kleiner Teil hatte dann die Chance, ihren Hirten zu entlaufen und genau dort eine Landschaft zu finden, in der sie wie ihre „wilden" Vorfahren ungestört leben konnten. Zwar konnten sie nicht wie die nordamerikanischen Mustangs sich zu Herden von tausenden Tieren entwickeln, aber einige Dutzend von ihnen haben stets in der menschenleeren Region der nordöstlichen Senne überleben können.

Moderne Pferdefreunde haben sich mehr für die jüngere Geschichte dieser Pferde interessiert als für ihre ursprüngliche Herkunft. Seit dem 18. Jahrhundert kümmerten sich die Fürsten von Lippe-Detmold (oder vielmehr deren Stallmeister) um diese Pferde. Diesem Fürstentum gehörte ein kleiner, allerdings fast völlig menschenleerer Streifen südlich der Berge des Teutoburger Waldes in der nördlichen Senne, genau dort, wo die wilden Pferde lebten.

Ab dieser Zeit hat man erst arabische Vollblut-Hengste und später englische Vollblut-Pferde den wild lebenden Pferden beigesellt und so eine neue Pferderasse gezüchtet, die im Aussehen sicher nicht mehr den alten Sarmaten-Pferden entspricht. Die dürften den allerletzten „echten" Wildpferden auf der Erde, den so genannten „Przewalski-Pferden" in der Mongolei, ziemlich ähnlich gesehen haben, meist grau, mit einem schwarzen „Aal-Strich" auf dem Rücken und kurzer struppiger Mähne.

Am Ende des zweiten Weltkrieges war die Herde fast erloschen, weil durch die Senne vorrückende amerikanische Truppen unter ihnen ein Gemetzel angestellt haben. Aber die „Senner Pferde" haben sich inzwischen wieder einigermaßen erholt.

Woher die Pferde vom „Merfelder Bruch" bei D ü l m e n im westlichen Westfalen gekommen sind, darüber scheinen sich heutige Fachleute wenig Gedanken gemacht zu haben. Auch die Existenz dieser Wildpferde-Herde ist seit 1316 erstmals schriftlich bezeugt. Die dortigen Pferde sehen auch weitaus „urtümlicher" aus als die der „Senner Herde", hier sind wohl nicht wie dort bewusste Einkreuzungen anderer Pferderassen erfolgt. Seit Jahrhunderten werden sie inzwischen von Menschen bewacht und beschützt. Auch der jährliche Fang junger Hengste dient dazu, die Herde im genetischen Gleichgewicht zu halten.

Die Landschaft in der Nähe der Stadt Dülmen ähnelt allerdings dem Refugium der wilden Pferde von der Senne und ist eben für diese Tiere und deren Lebensweise bestens geeignet.

Ob die wilden Pferde dort bereits von den ersten sarmatischen Einwanderern in der Gegend stammen oder erst später im Mittelalter dorthin gekommen sind, lässt sich bis heute nicht sagen. Doch ihre biologische Verwandtschaft mit den „Senner Pferden" ist ziemlich wahrscheinlich.

Irgendwann im hohen Mittelalter tauchte aus der „geschichtslosen Anonymität des oralen Zeitalters" offenbar plötzlich das Wappen auf, das bis heute für „Westfalen" steht: auf rotem Grund ein (nach links) springender weißer Hengst. Die Heraldiker wissen nichts über die Zeit und den Grund der Entstehung dieses Zeichens. Sie kennen sich zwar gut mit den Wappen, ihren

Regeln und mit den Familien aus, denen diese Wappen zustanden, aber weniger mit der Geschichte.

Die folgende Erklärung hat wohl die größte Plausibilität für sich. Im Jahr 1180 erfolgte der tiefe Sturz des bis dahin in Mitteleuropa so mächtigen Herzogs Heinrich des Löwen aus dem Geschlecht der Welfen. Im jahrelangen Streit mit seinem Vetter, dem Kaiser Friedrich (I.) „Barbarossa" aus dem schwäbischen Staufer-Geschlecht hatte er irgendwann einmal überzogen. Ein Reichstag der wichtigsten Fürsten des Reiches erklärte ihn wegen Bruch des Lehnseids für abgesetzt und verteilte die riesigen Ländereien, die seine Familie und er inzwischen an sich gebracht hatten, unter andere Fürsten. Der „Löwe" selbst war nicht anwesend, er hatte sich nach England in Sicherheit gebracht.

Auch im heutigen Westfalen hatten dem Welfen große Gebiete gehört, südlich der Lippe bis ins Sauerland hinein. Sie wurden dem Erzbischof von Köln zur Verwaltung übergeben, nicht als direktes „geistliches" Gebiet, aus dem sonst der Landbesitz der Bischöfe und Erzbischöfe in Deutschland bestand - damals fast ein Viertel der Fläche des Reiches - , sondern als weltliches „Herzogtum Westfalen", das einer besonderen Verwaltung unterstehen sollte. Bis zum Ende des alten „Heiligen Römischen Reiches deutscher Nation" im Jahr 1806 ist dieses Gebiet vom Städtchen Arnsberg im Sauerland aus regiert worden. Doch „Herzog von Westfalen" war seit 1180 ein zusätzlicher Titel für den jeweiligen Erzbischof von Köln, der einige Zeit später auch noch den politisch so wichtigen Rang als Kurfürst bekommen sollte.

Vermutlich ist erst in diesem Jahr 1180 das Wort „Westfalen" als Begriff für eine Region in Deutschland erstmals aufgetaucht. Vorher kannte man es aus der „Sachsenzeit" als Name für die Krieger der „Heerschaft" der Westfalen, der Menschen, die im „sächsischen Volk" am weitesten im Westen lebten (hierzu Genaueres im Band 3 dieser Reihe: **Widukinds Geheimnis"**). Jetzt aber brauchte man einen Begriff für ein neu geschaffenes Territorium in Königreich der „Ostfranken" – so hieß unser Land noch sehr lange, ehe sich der Name „Deutschland" einbürgerte.

Ein neues Territorium benötigte in dieser Zeit, am Ende des 12. Jahrhunderts, längst ein eigenes Wappen nach den inzwischen schon fest installierten Regeln der Heraldik. So ist man wohl auf das Bild des springenden weißen Rosses gekommen.

Aber warum ein w e i ß e r Hengst ? Hier kann man nur raten. Vielleicht gab es neben den „gewöhnlichen" Reitpferden der Sarmaten noch einen kleinen Stamm einer besonders gezüchteten Rasse mit vorzugsweise Schimmeln, die als Opfertiere verwendet wurden. Als vorzügliche Pferdezüchter werden sich die Sarmaten damit ausgekannt haben, wie man ihre Lieblingstiere in ihrer gewünschten Farbe erhalten konnte.

Ob es um das Jahr 1180 noch eine Pferderasse mit Schimmeln gab, weiß man nicht (dazu hat man damals gewiss nichts aufgeschrieben). Aber im Bewusstsein wenigstens der Adelskreise wird noch die Erinnerung an die Tiere wach gewesen sein, die einst den adligen Vorfahren so heilig waren, dass ein Exemplar davon ein verstorbenes Oberhaupt einer wichtigen Adelsfamilie auf der Reise ins „Anderland" begleiten musste.

III.

Das Erbe eines vergessenen Volkes

1.   Sarmaten fast überall in Europa

Wie schon angedeutet, war in der Zeit um das Jahr 455 n. Chr. die Region Westfalen keineswegs das einzige Ziel der Auswanderung von Sarmaten.

Fast zur gleichen Zeit haben offenbar Angehörige eines anderen Stammes, der Roxolanen, sich aus der so unruhig gewordenen ungarischen Puszta aufgemacht und in T h ü r i n g e n eine neue Heimat gesucht. Das ist genauer, auch mit Hinweisen auf Fachliteratur, im Band **4** dieser Buchreihe **„Thüringen war einmal ein Königreich – und die Könige kamen aus der Fremde"** dargestellt.

Wieder nur wenige Jahre danach verschlug es Teile eines weiteren sarmatischen Stammes, der Turkerer, in das heutige S c h w a b e n land nach Südwestdeutschland. Dies wird im Band **5** näher beschrieben: **„Die Schwaben – ein neuer deutscher Volksstamm ganz verschiedener Herkunft".**

Nach etwa einem Jahrhundert langsamer Ausdehnung der Wohnsitze sarmatischer Adliger und ihrer Gefolgschaften in Westfalen – wie in d i e s e m Band beschrieben – begann von dort aus eine Ausdehnung der Siedlung sarmatischer Gruppen in die nordwestdeutsche Tiefebene und damit die Entstehung eines neuen Volksstammes in Deutschland, der S a c h s e n . Mit den alten Sachsen, von denen viele in den Jahrhunderten zuvor nach Britannien ausgewandert waren, hatte er nur noch bedingt zu tun. Das ist Inhalt des Bandes **3** dieser Reihe, „**Herzog Widukinds Geheimnis**".

Ein knappes Jahrhundert v o r der sarmatischen Auswanderung nach Westfalen, und auch noch kurz v o r dem so verderblichen Auftreten der Hunnen in Europa, hatte bereits ein sarmatischer Draco einen weiten Weg angetreten. Er führte ihn vom Donauufer beim heutigen Budapest über Thüringen und den römischen Limes bei Xanten bis nach Nordfrankreich, und seine Anführer sollten zu den Vorfahren der späteren Merowinger-Könige werden. Dieser Zug hatte völlig andere Ursachen als die in diesem und den anderen Büchern der Reihe beschriebenen Wanderungen. Doch er hatte die bedeutsamsten Folgen, denn in der Folge entstand daraus das „Reich der Franken". Die Schicksale dieser Sarmaten werden im Band „**Die Ahnen der Merowinger und ihr „fränkischer" König Chlodwig**" näher beschrieben.

In der Epoche zu Beginn der „germanischen Völkerwanderung", um 407 n. Chr., hatten sarmatische Gruppen die Wanderungen der germanischen Völker der Vandalen, Sueben und anderer bis an den Rhein begleitet. Dann waren sie aber im Raum um Mainz am mittleren Rhein „hängen geblieben" und hatten sich mit ihren Herden in der für längere Zeit herrschaftslosen Landschaft niedergelassen. Hierzu ist Genaueres im Band **1** dieser Reihe „**Sarmaten – Unbekannte Väter Europas**" dargestellt.

Die z w e i t e Hälfte des 5. Jahrhunderts nach Christi Geburt muss jedoch in ganz O s t europa Völkerbewegungen gesehen haben, deren Ausmaß und Bedeutung sich erst ganz allmählich der Geschichtsforschung erschließt, wenigstens der in Deutschland und Westeuropa.

Denn offenbar zog es in dieser Zeit die einstigen Herren der pannonischen (ungarischen) Puszta, die Sarmaten, a l l e s a m t aus diesem Land heraus, das bisher seinen großen Viehherden so gute Weideflächen geboten hatte. Die Unruhe hier, hervorgerufen durch die ständigen Kriege der germanischen Nachbarvölker, wollte nicht enden. Und die wohl ziemlich vereinzelt lebenden Sarmaten sahen sich nicht in der Lage, den Germanen effektiv Widerstand zu leisten. So löste sich dieses einst so große Volk allmählich in lauter kleine Bestandteile auf und verschwand dadurch aus der Geschichte.

Wann genau die Wanderung von Sarmaten nach Norden geschah, in die Gegend, die heute zwischen Polen, der Slowakei und der Ukraine geteilt ist und im Mittelalter Galizien hieß, ist unklar. Dort nördlich des Karpaten-Gebirges scheint ein sehr früher n e u e r „Wohnsitz" von Sarmaten und ihren Herden gewesen zu sein, am Rande des damaligen Lebensraums der S l a - w e n.

Dieses Volk, ebenfalls mit einer indoeuropäischen Sprache, aber doch kulturell erheblich anders als die Sarmaten, begann zu gleicher Zeit seine Wanderungen. Diese führten Teile davon weit nach Süden, in die Balkan-Halbinsel hinein bis nach Griechenland, und gleichzeitig nach Norden, Westen und Osten. Diese „Völkerwanderung" der Slawen kann hier nicht näher betrachtet werden, doch es scheint, dass zumindest einige der slawischen Stämme auf ihren Zügen von Gruppen sarmatischer Hirten begleitet worden sind. Im Lauf der Zeit wurden dann deren Adlige zu Anführern der slawischen Bauern und Fischer.

Das dürfte so gewesen sein bei den späteren P o l e n , aber auch bei den K r o a t e n, die wohl von Galizien aus im 6. Jahrhundert an das Nordende der Adria wanderten und dort einen eigenen Staat gründeten, offenbar gerufen von einem oströmischen Kaiser. Vermutlich gehörten auch die heutigen S e r b e n zu diesen Auswanderern. Ihre Sprache ist heute noch mit der der Kroaten fast identisch, doch haben ganz verschiedene politische Schicksale in den folgenden anderthalb Jahrtausenden die beiden Nachbarvölkern zu erbitterten Gegnern gemacht.

Hier sei eingefügt, dass die slawischen Einwanderer, die im frühen 6. Jahrhundert das Gebiet des heutigen Bulgariens erreichten, von einer kleinen Führungsschicht geleitet wurden, den B u l g a r e n. Diese waren k e i n e Sarmaten, aber in Herkunft, Sprache, und Kultur diesen eng v e r w a n d t. Sie kamen auf einem anderen Weg bis in den südlichen Balkan; ihre Herkunft kann man bis in das Pamir-Gebirge in Innerasien zurück verfolgen.

Einige der Slawenstämme, die ins spätere D e u t s c h l a n d einwanderten, scheinen ebenfalls von sarmatischen Adligen begleitet worden zu sein, vor allem die O b o t r i t e n (an der holsteinischen und mecklenburgischen Ostsee-Küste), wahrscheinlich auch die P o m o r a n e n an der pommerschen Ostseeküste, sowie die S o r b e n in der heutigen Lausitz (zwischen Brandenburg und Sachsen geteilt).

Auch ein Teil der Stämme, die an der östlichen Ostseeküste lebten und eine Sprache aus dem b a l t i s c h e n Zweig des Indoeuropäischen benutzten, wurden wohl in dieser Zeit von sarmatischen Einwanderern erreicht und bald beherrscht. Dies dürfte für die P r u s s e n (im späteren Ostpreußen) und für die L i t a u e r gegolten zu haben.

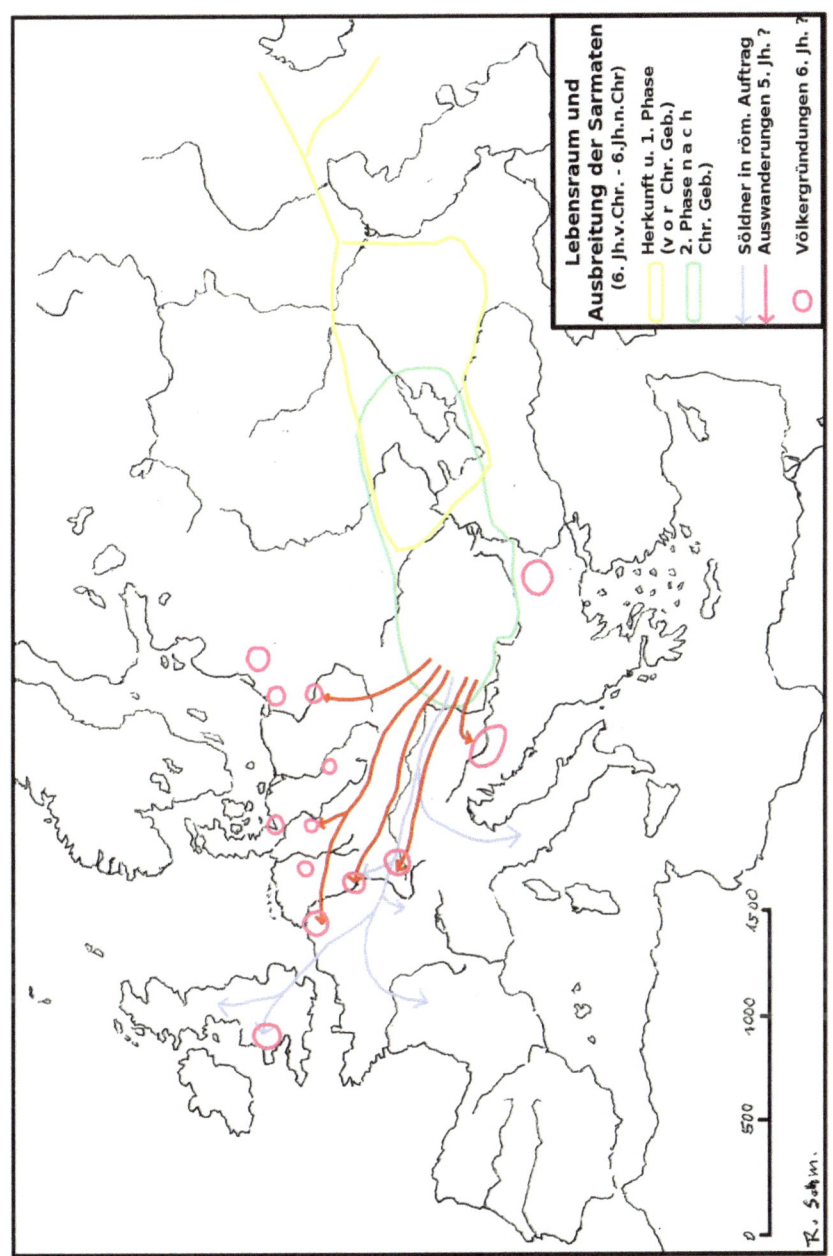

Lebensraum und
Ausbreitung der Sarmaten
(6. Jh.v.Chr. - 6.Jh.n.Chr)

Herkunft u. 1. Phase
(v o r Chr. Geb.)

2. Phase n a c h
Chr. Geb.)

Söldner in röm. Auftrag
Auswanderungen 5. Jh. ?

Völkergründungen 6. Jh. ?

R. Sohn.

Das soll nicht heißen, dass a l l e Völker in Mittel- und Ost-
Europa damals von Sarmaten beherrscht wurden. Überall gab es
auch einheimische (germanische, slawische, baltische) Gruppen,
die aus eigener Kraft ihre neuen Siedlungsgebiete erreichten oder
behaupteten. Das alles kann hier nicht näher begründet werden.
Aber es soll dem Leser einen Eindruck verschaffen, wie kompli-
ziert offenbar die Siedlungsverhältnisse im mittleren und östlichen Europa in jenen urkundenlosen Jahrhunderten des frühen
Mittelalters waren.

Zur Vervollständigung des Berichtes über vermutete Wander-
bewegungen von Sarmaten in dieser Zeit sei hier noch erwähnt,
dass möglicherweise auch eine Einwanderung nach Dänemark
(Jütland) und nach Mittel-England stattgefunden haben könnte.
Jedenfalls weisen dort aufgefundene Pferdegräber darauf hin.
Doch war es dem Autor dieses Buches bisher nicht möglich, diese Vermutung näher zu überprüfen und mit weiteren Indizien zu
erhärten.

Die Karte auf Seite 87 soll einen wenigstens ungefähren Eindruck von dieser „Aufspaltung" des Volks der Sarmaten im
Frühmittelalter und der vermuteten „Gründung" neuer Völker
durch die Adelsschicht vermitteln.

2. Römer, Germanen und Sarmaten als Herrscher im Vergleich

Die schwerwiegendste Folge der „germanischen Völkerwanderung" im 5. Jahrhundert war ohne Zweifel der Zusammenbruch des Weströmischen Kaiserreiches. Über die Ursachen davon haben sich moderne Historiker vielfach den Kopf zerbrochen und dabei auch viele zutreffende Gründe gefunden. Aber e i n e dieser Ursachen wurde bisher so gut wie nie erwähnt, weil die Geschichtswissenschaft im 20. und 21. Jahrhundert dafür kaum Quellen gefunden hat.

Das war die tief sitzende Verachtung aller Angehörigen der Oberschicht des Römischen Reiches für die einfachen Menschen, den „misera plebs" oder die „proletarii". Dabei gehörten wohl 80 bis 90 Prozent der Bewohner des Römischen Reiches hierzu. Nicht nur die Millionen von Sklaven, die römische Heere in den voran gegangenen fünf Jahrhunderten in drei Erdteilen eingefangen hatten, sowie deren Nachkommen, bildeten diese Schicht, sondern noch viel mehr Millionen kleiner Bauern oder „freier" Tagelöhner, Handwerker und Arbeiter aus den von Kleinasien bis nach Mitteleuropa unterworfenen Völkern.

Die Autoren der Antike, denen die heutigen Historiker fast ausschließlich ihre Quellen verdanken, gehörten als „gebildete Menschen" (d. h. sie konnten flüssig lesen und schreiben) zu der kleinen Oberschicht von vielleicht nur 5 Prozent, innerhalb derer sich das gesamte politische Geschehen in der römischen Antike abspielte. Am Wohlergehen der „Proletarii" hatten weder Kaiser noch Feldherrn, weder römische Senatoren noch Schriftsteller irgendein Interesse. Es kam in ihrem Gedankenkreis so gut wie nie vor.

Das einzige Interesse dieser „herrschenden Kreise" war, die Millionen Arbeitskräfte so billig wie möglich auszunutzen; darüber hinaus presste ihnen der römische Staat noch das letzte

Kleingeld als Steuern ab. Von irgendwelchen „sozialen Anwandlungen" war zumindest in der Spätzeit des Römischen Reiches nichts zu spüren. Die vielen „Bagaudenaufstände", die vermutlich Versuche der Auflehnung gegen diese sozialen Zustände waren, werden von den römischen Historikern, wenn überhaupt, nur in lakonischer Kürze erwähnt.

Falls diese „kleinen Leute" etwa im Gallien des 5. Jahrhunderts durch die Etablierung von zwei Königreichen unter germanischer Führung, der Westgoten und der Burgunder, eine Besserung ihrer Verhältnisse erhofft haben sollten – der christliche Kirchenvater Salvian aus Marseille deutete so etwas an ! – wurden sie bitter enttäuscht. Denn die neuen Herren ließen für ihre „römischen" Untertanen alles beim Alten. Das galt für alle germanischen Reiche der Völkerwanderungszeit, für West- und Ostgoten, für Vandalen und Langobarden.

Die Könige dieser Germanenvölker fühlten sich wohl unfähig, mit so komplizierten und ihren Horizont übersteigenden Erscheinungen wie der auf Münzgeldumlauf beruhenden römischen Volkswirtschaft oder dem längst bürokratisierten Steuerwesen und anderen Errungenschaften des „römischen Fortschritts" umzugehen. Auch für sie mussten die Unterschichten in den von ihnen beherrschten Reichen die winzige Herrenschicht aus germanischem Adel und Kriegern mit allem Lebensnotwendigem versorgen und im Übrigen deren Befehlen gehorchen.

Die Folge davon war der baldige Zusammenbruch all dieser in der Völkerwanderungszeit entstandenen germanischen Königreiche. D i e s e r Aspekt ihrer inneren Schwäche ist von der modernen Geschichtswissenschaft kaum je beachtet worden. Nur die Geschichtslehren des „wissenschaftlichen Marxismus" gingen darauf ein, wenn auch von einem seinerseits falschen Ausgangspunkt aus. Doch genau deshalb machen wohl heute deutsche Historiker einen großen Bogen um solcherlei Gedanken.

Das einzige Reich, was n a c h den Römern in der Mitte Europas Bestand hatte, war das „Frankenreich" - - und das war von Königen begründet worden, die eben k e i n e Germanen waren, sondern S a r m a t e n.

Mehrfach ist schon darauf hingewiesen worden, dass es keine Schriftdokumente aus dem Frühmittelalter für die Geschichte der von sarmatischen Adelsschichten beherrschten Völker in Mittel- und Osteuropa gibt. Doch auch sonstige Indizien, z. B. archäologische Funde, geben keinen Anhalt für die Annahme, es habe schwerwiegende Differenzen zwischen diesen Völkern und ihren neuen Herrschern gegeben.

Das „Gesetz", das den sarmatischen Adligen verbot, außerhalb ihrer Adelskaste zu heiraten, verhinderte zwar biologische Vermischung der Schichten, hat aber offenbar die Anführer nicht davon abgehalten, sich fürsorglich um ihre Untergebenen zu kümmern und sie dennoch zugleich so weit wie irgend möglich nach ihrer alten Weise leben zu lassen.

Überall scheinen die sarmatischen Herrscher sehr schnell die Sprache ihrer Untergebenen angenommen zu haben, die „fränkischen" Könige aus der sarmatischen Merowinger-Dynastie das Vulgär-Latein (oder Altfranzösisch) ihrer gallischen Untertanen, die Herren in Westfalen das West-Germanische (Alt-Sächsische) der Bauern in Westfalen oder Nordwestdeutschland, die Fürsten der (in der Entstehung begriffenen) Polen die slawische Sprache dieser Leute usw. Auch die eigene Religion wurde den Völkern von den sarmatischen Herren nicht aufgezwungen. Gerade dass keinerlei Überreste dieser Religion gefunden werden konnten, spricht dafür. Auch ihre Lebensweise als Bauern, Fischer oder Kleintierzüchter mussten die „Unterworfenen" nicht ändern.

Doch in Notfällen war es den einfachen Bauern vielleicht sehr lieb, wenn sie tapfere und militärisch geschulte Herren hatten, etwa wenn besondere Umstände (z. B. Wetterkatastrophen oder fremde Feinde) die G e s a m t bevölkerung zur Auswanderung oder zum Krieg zwangen. So etwas kam im Frühmittelalter ziemlich häufig vor. Eine Wanderung eines ganzen „Volkes" schweißte zusammen und erzeugte ein neues Gefühl der Zusammengehörigkeit, ebenso ein gemeinsamer Kampf gegen Feinde. So sind wohl auch erst die „Völker" der Ostgoten oder der Vandalen entstanden – aber nur innerhalb der jeweiligen „Heere". Der Rest der einheimischen Bevölkerung blieb in den Ländern, wohin diese Germanen kamen, davon unberührt.

So etwa kann man sich wohl auch die Genese der Völker unter sarmatischer Herrschaft vorstellen, ziemlich lautlos und undramatisch, was diesen Aspekt angeht. Das heißt aber nicht, dass in dieser Geschichtsepoche ohne jede schriftliche Quelle für diese Völker alles in ereignislosem Frieden ablief. Blickt man von Zeiten aus zurück, von denen man dank erster schriftlicher Quellen nun schon wieder etwas mehr weiß, dann muss man vermuten, dass gerade die ersten hundert oder zweihundert Jahre ihrer Existenz auch für diese Völker sehr bewegt waren. Das gilt in Deutschland etwa für die Sachsen, in Osteuropa für die Polen oder Kroaten.

3. Die deutschen Kaisergeschlechter aus sarmatischer Wurzel ?

Die Indizien für diese höchst erstaunliche Vermutung sind im Band 1 dieser Reihe ausführlich dargestellt. In d i e s e m Band werden sie nur kurz zusammen gefasst, um dem Leser wenigstens diese für die deutsche Geschichte so wichtige Erkenntnis zu vermitteln.

Für die Begründer des „Reichs der Franken"; die Könige aus der M e r o w i n g e r -Dynastie, lässt sich ihre Abstammung aus einem Stamm der Sarmaten, der Roxolanen, anhand zahlreicher Indizien nachweisen. Im Buch **Die Ahnen der Merowinger und ihr „fränkischer" König Chlodwig** ist das ausführlich geschehen. Allerdings wird es wohl noch einige Generationen deutscher (und französischer) Historiker benötigen, bis sich in der akademischen Geschichtswissenschaft dieser Länder die Erkenntnis ausgebreitet hat, dass die „Franken" und ihre ersten Könige, die Merowinger, eben nicht unbedingt G e r m a n e n sein mussten.

K e i n e Sarmaten von ihrer Abstammung her müssen die Herrscher gewesen sein, die die Merowinger ablösen sollten, die Pippiniden und K a r o l i n g e r. Sie dürften aus germanischem Adel hervorgegangen sein. Das schließt allerdings nicht aus, dass von dieser Familie Eheverbindungen mit den Merowingern eingegangen worden sind. Den sarmatischen Königen aus diesem Geschlecht war zwar die Eheschließung mit Frauen aus der unteren Kaste verboten, nicht aber mit Töchtern aus adligen Familien anderer Abstammung. Doch den Karolingern war es später peinlich, solche Ehebande zuzugeben, hatten sie doch, als ihre Fürsten die Merowinger noch nicht von ihrem Königsthron verdrängt hatten, diese in ihrer Propaganda als „rois fainéants" ("Nichtstuer-Könige") hingestellt.

Bereits der erste König, der im inzwischen entstandenen „Ostfranken-Reich" – etwa dem heutigen Westdeutschland entsprechend – dem letzten König aus der Karolinger- Familie folgte, der Herzog Konrad von Franken (911 – 918) hatte jedoch höchstwahrscheinlich wieder sarmatische Ahnen. Denn seine Familie stammte ursprünglich aus dem Nahe-Gau l i n k s des Mittelrheins, dorther, wo sich bereits 500 Jahre früher sarmatische Adlige mit ihren Gefolgschaften Weideland für ihre Viehherden gesichert hatten.

Die folgende Dynastie, die dann für ein Jahrhundert die deutschen („ostfränkischen") Könige und die „römischen" Kaiser stellen sollte, kam aus dem Stamm der S a c h s e n. Deren sarmatische Abstammung ist zum Teil bereits in diesem Buch erklärt worden, noch genauer geschieht dies in Band 3: **Widukinds Geheimnis.**

Den Sachsen-Kaisern folgten solche aus der Herrscherfamilie der S a l i e r , deren Ursprung im l i n k s rheinischen Bereich des Hunsrücks zu suchen ist. Auch bei ihnen sprechen viele Indizien dafür, dass sie von sarmatischen Adligen abstammen, die zu Beginn des 5. Jahrhunderts hier Zuflucht vor der Bedrohung durch die Hunnen gesucht hatten (siehe Band **1, Sarmaten – Unbekannte Väter Europas,** S. 80 f.).

Die Kaiser der salischen Dynastie wurden abgelöst durch Herrscher aus der schwäbischen Dynastie der S t a u f e r (1138 – 1254, zwischendurch kurzzeitig einige Könige aus anderen Geschlechtern). Sehr Vieles spricht dafür, dass auch die Staufer Nachfahren von Adligen aus dem Sarmatenstamm der Turkerer waren, die es um 470 nach dem heutigen Schwaben verschlagen hatte (siehe dazu Band **5: Schwaben – ein neuer Volksstamm ganz verschiedener Herkunft).**

Doch auch das Adelsgeschlecht, das den Staufern (mit wenigen Unterbrechungen) folgte, die H a b s b u r g e r, lassen sich sehr wahrscheinlich auf eine Herkunft aus dem Schwabenland und aus einem sarmatischen Adelsgeschlecht der dortigen Turkerer zurückführen. Diese Dynastie regierte das „Heilige Römische Reich deutscher Nation" bis zu seinem Ende 1806 und das Kaiserreich Österreich anschließend bis 1918.

Schließlich kam die letzte Familie, die deutsche Kaiser stellte, die H o h e n z o l l e r n , erwiesenermaßen ebenfalls aus Schwaben und dürfte damit sarmatische „Gene" weiter getragen haben, selbstverständlich ohne dass sie davon eine Ahnung hatten.

Bis auf die Habsburger und die Hohenzollern, deren Familien heute noch zahlreich sind, sind alle anderen Kaiserdynastien wenigstens im Mannesstamm schon lange ausgestorben. Aber merkwürdig: Gerade bei den Habsburgern und den Hohenzollern scheint sich ein uraltes „sarmatisches Tabu" bis heute gehalten zu haben. Das ist die Regel, dass wenigstens die Oberhäupter dieser Familien (und damit theoretisch „Thronanwärter") eine ebenbürtige Ehe eingehen müssen, das heißt nur eine Frau aus einem hochrangigen Adelshaus wird für sie akzeptiert.

Ist das eine unbewusste Erinnerung an die Regeln eines Volkes, das vor vielen Jahrtausenden aus Innerasien bis nach Europa kam und dessen Adelskaste zu Anführern so vieler neu entstehender Völker im mittelalterlichen Europa wurde ?